Esta página se ha dejado en blanco intencionalmente.

REYNA ENRIQUEZ

Resiliencia
Catarsis de una Reyna

Reyna Enriquez

Resiliencia

Catarsis de una Reyna

Reyna Enriquez

Copyright© Reyna Enriquez 2025

Todos los derechos reservados. Ninguna parte de este libro puede ser reproducida, almacenada en un sistema de recuperación, o transmitida de ninguna forma ni por ningún medio, electrónico, mecánico, fotocopiado, grabación, escaneo, u otro, sin la previa autorización por escrito de la autora, excepto según lo permitido por la Ley de Derechos de Autor de 2025.

Este libro es una obra autobiográfica basada en experiencias reales vividas por la autora. No obstante, con el fin de proteger su integridad, privacidad y seguridad, así como la de terceros, se han modificado algunos nombres, lugares, características personales, cronologías y otros elementos identificativos. Algunos eventos han sido recreados, resumidos o reorganizados con fines narrativos, sin alterar la verdad emocional de los hechos.

Para solicitudes de permiso, contacte a la autora en: reynaenriquez.re@gmail.com.

Resiliencia: *Catarsis de una Reyna*

Publicado de manera independiente por Reyna Enriquez
Edición y Diseño: Cindy Pantoja
Primera Edición 2025
Autoayuda/Superación Personal

Resiliencia
Catarsis de una Reyna

REYNA ENRIQUEZ

Para mis hijas Johanny y Ali, mis más grandes maestras.

Contenido

Nota de la Autora y Advertencia de Contenido 11

Prefacio 17

Comienzo de la Caída 23

Duelo y Rebelión 37

Semillas en el Silencio 47

Maternidad Inesperada 59

Sin Fronteras 71

Caída Libre al Vacío 81

Catarsis de una Reyna 93

Despedirme de Quien Fui 107

Partir en Pedazos para Salvarse 121

Salir no Siempre es Irse 135

Terapia Bajo Amenaza 149

El miedo También Espera 163

Persiguiendo el Dragon 179

Tocar Fondo 193

Alimentar al Fantasma Hambriento 207

Por ellas. Por mí. 219

Volver y Reconstruir 233

Castillo en el Aire 247

Renacer 259

Adicción y Red de Apoyo 271

Glosario de Términos Clave 275

Tipos de Violencia 278

¿Qué hacer si estás viviendo violencia doméstica? 282

Agradecimientos 286

Sobre la Autora 289

Bibliografía 291

Nota de la Autora y Advertencia de Contenido

Este libro contiene relatos basados en experiencias reales vividas por la autora. Sin embargo, con el fin de proteger su integridad y la de terceras personas, se han modificado nombres, lugares y detalles identificables. Algunos eventos han sido reorganizados o resumidos con fines narrativos, pero sin alterar la verdad emocional de los hechos.

Este relato no busca establecer responsabilidades legales ni emitir juicios, sino dar testimonio de una experiencia personal desde la memoria, la reflexión y el proceso de sanación. La intención principal es compartir una historia de vida con fines literarios, terapéuticos y de concientización.

Algunas secciones del libro incluyen descripciones sensibles sobre abuso, violencia doméstica, consumo de sustancias y trauma emocional, que pueden resultar perturbadoras para algunas personas lectoras. Se recomienda discreción y autocuidado emocional al avanzar en su lectura.

Esta obra no constituye una denuncia formal, ni pretende identificar ni difamar a persona alguna. Cualquier interpretación que atribuya identidades reales a los personajes descritos es responsabilidad exclusiva del lector o lectora.

Gracias por acercarte a esta historia con empatía y respeto.

"Que la vida nos siga dando la oportunidad de comenzar, las veces que sean necesarias, y de ir por aquello que el alma verdaderamente desea.

He salido del abismo incontables veces. Y cada vez que regreso, lo hago con una mirada más compasiva hacia mí misma, con un poco más de conocimiento, un poco más de amor. Cada proceso me lleva a explorar lo más profundo de mi ser. Aunque me asuste la oscuridad que encuentro ahí, detrás de ella siempre hay una luz radiante esperando ser vista... por mí.

Hoy entiendo que todos hicieron exactamente lo que necesitaba para reencontrarme y rescatarme.

Si mi experiencia puede dar voz, compañía y esperanza a alguien más, entonces todo ha valido la pena. Porque hay sacrificios que, a nivel alma, merecen ser vividos... y contados."

—**Reyna Enriquez**

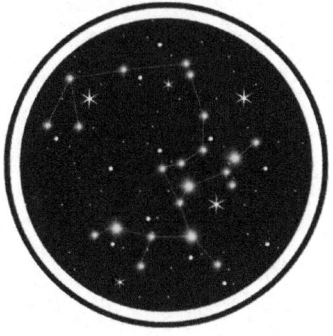

Prefacio

¿Y tú, qué harías con tu dolor?

La primera vez que vi a Roberto, me pareció una persona común y corriente. Jamás imaginé que se convertiría en mi mayor maestro. Ni mi alma, ni mi espíritu, ni siquiera mi instinto me advirtieron aquel día. Claro, si lo hubieran hecho, quizá no estaría escribiendo estas palabras.

Aún recuerdo ese momento con nitidez, estábamos en un mercado al aire libre. Yo iba caminando de la mano con Víctor, con mi pareja de aquel entonces y mis hijas Johanny y Ali. Mientras él saludaba a su tío, nos presentaron brevemente. Empezaron a entablar una especie de amistad. Yo, distraída con otras cosas, no presté demasiada atención. Ni siquiera me interesó presentarme. Poco después, mi pareja me propuso mudarnos a una casa más grande, donde nuestras hijas tendrían su propio cuarto. Me pareció una excelente noticia, ya que, hasta ese momento, los cuatro compartíamos una sola habitación. Así comenzó el viaje.

Nos mudamos a una nueva casa, aunque debíamos compartirla con el tío y con Roberto. A pesar de eso, el lugar me parecía acogedor, y al principio me sentí ilusionada, como si esa mudanza pudiera representar un nuevo comienzo. Sin embargo, la realidad fue otra. Para entonces, Víctor y yo llevábamos tiempo atrapados en una dinámica cada vez más autodestructiva. Él había caído profundamente en el alcohol, bebiendo con frecuencia y sin medida, mientras que yo consumía cristal con regularidad. El abuso de sustancias se convirtió en parte de nuestra rutina, una rutina enferma, donde el afecto se confundía con la dependencia y la comunicación con el conflicto.

A medida que pasaban los días, nuestra relación se fue deteriorando de forma acelerada. Las discusiones se volvieron constantes, el ambiente en casa era tenso, y ya no existía la complicidad que alguna vez nos unió. El amor, si quedaba algo, se encontraba cubierto por la frustración, la culpa y la evasión. Nuestra convivencia se volvió insostenible, y eventualmente terminamos separándonos. A pesar del dolor, fue una separación inevitable, ambos estábamos demasiado rotos como para sostenernos mutuamente.

Sentí que me soltaron al vacío, quedando expuesta a mis propios monstruos, mis adicciones y una herida interna que apenas comenzaba a reconocer. Era una mujer rota, desconocida para sí misma, para quien el amor propio era una idea lejana. Me quedé en la casa con mis hijas; él se fue. Al principio, me aferré con todas mis fuerzas a mantener ese hogar, enfocada en sostenerlo ante cualquier eventualidad laboral. Trabajaba en los campos de California, donde los empleos duran apenas seis meses, dependiendo de la temporada. Quería tener un respaldo económico, no por ambición, sino por temor. Temía tener que volver a una relación por necesidad. Así de dañada estaba, creyendo que mi bienestar podía tener precio.

Durante un tiempo, todo marchó bien. Fui aceptando mi proceso de desapego y entendí, con claridad, que no debía regresar a esa relación tóxica. Como compartíamos la casa, era inevitable convivir con el tío y Roberto. En ocasiones me pedía que cocinara para él; me pagaba, y yo lo tomaba como un ingreso extra. Al cabo de un tiempo, el tío regresó a su pueblo natal, y quedamos solos Roberto y yo. Dejé de cocinar para él y me ocupé de mis propios asuntos. En ese momento, lo veía únicamente como un compañero de casa.

El trabajo fue escaseando hasta desaparecer por completo. Aunque había ahorrado algo de dinero, no me sentía segura. Seguía bebiendo, pero aún no reconocía la magnitud del problema. Por las tardes, él llegaba de trabajar y a veces coincidíamos en la sala; solo había una televisión, y la compartíamos.

Mi hija más pequeña, Ali, tenía casi dos años, y poco a poco comenzó a acercarse más a él. Eso me generaba confianza. En varias ocasiones, mientras estábamos en la sala, él jugaba con ella, e incluso algunas veces se quedaba dormida en sus brazos. Cuando la veía así, tan tranquila, la tomaba con cuidado y ese gesto, esa cercanía, empezó a llamarme la atención.

Empecé a verlo diferente. Me parecía un hombre muy paternal. En algunas conversaciones le preguntaba si le gustaban los niños, y él me respondía que sí, que le gustaban mucho porque le recordaban a sus hermanos cuando eran pequeños. Eso me parecía tierno. Sabía que los extrañaba profundamente.

Roberto me contó que era el hijo mayor y que, desde muy joven, le tocó hacerse cargo de sus hermanos. Tuvo que abandonar la escuela y migrar a Estados Unidos para poder mantenerlos a ellos y a su madre. Su mamá los criaba sola, y él decidió asumir la responsabilidad como "el hombre de la casa." A los 18 años ya estaba en otro país, lejos de su familia, trabajando duro para que sus hermanos tuvieran un futuro distinto. Como tantos migrantes, hizo un sacrificio enorme, uno que solo quienes se atreven a romper cadenas están dispuestos a hacer.

Eso me generaba mucha admiración. Comencé a observarlo con más atención y, poco a poco, me fue agradando más... claro, desde una mirada idealizada. Tal vez, inconscientemente, pensaba que él podría rescatarme; que, como madre soltera, él se haría cargo de mí y de mis hijas, como lo había hecho con su familia. No sabía aún que el precio por esa fantasía sería dolorosamente alto.

Quizás por esa necesidad profunda de ser vista, cuidada y sostenida, nuestra relación comenzó sin demasiados preámbulos, un día cualquiera, como tantos otros. Yo estaba en la sala, tomando cerveza, como solía hacer. También estaba drogada. Era parte de mi rutina, una rutina que, desde hacía años, tenía el mismo guion, consumir para no sentir.

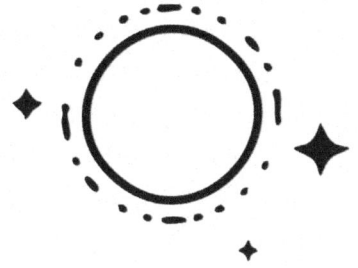

Comienzo de la Caída

Es importante comenzar mi relato, diciendo la verdad con claridad, tengo una enfermedad. Soy adicta al alcohol y a las drogas desde muy temprana edad. Comencé a beber a los diez años y no fue por el mal ejemplo de mis padres, como ocurre en muchos hogares, ya que en mi casa no se bebía. Abel, mi papá, que en algún tiempo abusó de las sustancias, llevaba muchos años limpio, incluso antes de que yo naciera. Pero las adicciones, como la sombra del dolor no resuelto, han corrido de generación en generación en mi familia y yo no me salvé de caer en ellas.

Desde niña, me urgía crecer, explorar y experimentar. Las sustancias no fueron la excepción. Recuerdo que, al tomar, algo en mí despertaba curiosidad por seguir probando más. Aunque era muy pequeña, ya estaba sintiendo una mezcla de emociones difíciles de manejar. Así fue como, poco a poco, conocí la marihuana, después los inhalantes, como el thinner y el pegamento, llegando a consumir drogas más fuertes en mi adultez.

En ese tiempo la relación de mis padres era complicada. Ellos estaban en proceso de terminar su matrimonio viviendo en países diferentes, y yo atravesaba momentos de mucha confusión. Justo ese día había ganado un concurso escolar; nuestra escolta obtuvo el segundo lugar, y decidí que eso era motivo suficiente para celebrar... con alcohol. Busqué una cómplice para hacerlo, pero al final ella recapacitó y se negó, diciéndome que no era correcto.

Sara, mi mamá tenía una tienda de abarrotes, y fue ahí donde tomé una de esas botellitas pequeñas de Presidente. Al salir, me encontré en la calle con Virgilio, un muchacho de 15 años que había sido mi primer novio un par de meses antes. Aunque lo nuestro fue breve y esporádico, habíamos logrado conservar una amistad. Le conté que tenía alcohol, y enseguida se ofreció a acompañarme. Recuerdo claramente el momento en que tomé el primer trago... luego otro... y al tercero, ya sentía esa alegría falsa, esa euforia desconocida que me invadió de golpe. Era una sensación nueva, intensa, que me hacía sentir más valiente, más fuerte, distinta a la niña que era.

Cuando me paré, me di cuenta de que ya estaba borracha. Y dentro de mí pensé que esa sensación me gustaba. Al llegar a casa, mi mamá se dio cuenta de inmediato; tal vez porque me reía mucho o porque actuaba extraña. Ese día me pegó. Yo me hacía la valiente, pero por dentro estaba llena de rabia. La desafiaba constantemente porque le tenía mucho coraje, sentía que ella era la culpable de la crisis matrimonial por la que ellos estaban pasando. Mi papá estaba en Estados Unidos y, en mi mirada infantil, creía que ella no valoraba su sacrificio.

Así fue mi primera borrachera. Poco después, mi hermano enfermó de fiebre tifoidea y mi mamá tuvo que dedicar todo su tiempo a atenderlo, fue entonces que la casa quedó más sola que nunca. La tienda sin vigilancia, el alcohol al alcance... y yo, con toda esa soledad, comencé a beber cada vez más.

Cuando empecé a beber, ya estaba atravesando un proceso de abandono emocional. No culpo a nadie; no fue intencional. Pero me tocó asumir responsabilidades muy pronto, cuidaba de mi hermanita, del negocio familiar y de la casa. Mientras otras niñas jugaban, yo aprendía a sobrevivir.

Por desgracia, la enfermedad de mi hermano menor empeoró, y tuvo que ser hospitalizado fuera del pueblo donde vivíamos, mi papá no pudo venir a México para verlo. Mi hermano ya había estado muchos días con fiebre, sin que ningún tratamiento funcionara. Mi mamá lo llevaba al doctor del pueblo una y otra vez, pero no mejoraba.

Había días en los que parecía que la tormenta había pasado, que él iba a estar bien, pero luego recaía. Yo podía sentir la angustia en el aire, la preocupación de mi madre, y su agotamiento. Por alguna razón, me sentía responsable del hogar. Quería ser su apoyo, su respaldo, porque la veía sola, vulnerable, sin ningún familiar cercano a su lado. Aun así, cada mañana se levantaba con esperanza. Tenía una fe profunda y una fuerza que me marcó para siempre.

Mientras tanto, la ausencia de mi mamá se prolongaba y mi papá estaba en otro país en busca de sustento. Él siempre fue un hombre proveedor. Sacrificaba su presencia por nuestro bienestar. Casi no lo veíamos, pero cuando regresaba, traía regalitos que me hacían sentir que, aunque estuviera lejos, pensaba en nosotros.

Aunque él estuviera ausente, lo extrañaba profundamente. Como niña, anhelaba que me mirara más, que se quedara. Todo lo que yo hacía era para hacerlo sentir orgulloso, para agrandarlo. Lo admiraba tanto... Me faltaron más días en la infancia a su lado.

Aun así, los pocos recuerdos que tengo con él permanecen muy marcados: cuando me enseñaba a bailar a su manera, cuando me sentaba en sus piernas y me abrazaba... En esos momentos, deseaba que el tiempo se detuviera, que no se fuera nunca.

Por eso, cuando se divorciaron, me dolió no solo la separación de mis padres, sino también su abandono. Porque no solo se alejó de mi mamá, sino que también se alejó de mí y de mis hermanos.

Mis padres tuvieron una infancia sumamente difícil en comparación con la mía, y, aun así, nos dieron lo mejor que pudieron. La infancia de mi madre, pienso ahora, fue la más dura, pero también necesaria para iniciar un proceso de sanación generacional que hoy, con el tiempo, puedo comprender. A pesar de todo, siempre la recuerdo con una gran sonrisa, encontrando lo cómico en cualquier situación. En eso nos parecemos, demostramos el amor a través del servicio a los demás.

Mientras mis padres hacían lo mejor que podían, yo por mi parte me hundía en el alcohol, la mayoría de las veces tomaba sola. A veces intentaba hacerlo con amigas, pero ellas eran un poco mayores y no querían seguirme el juego porque sabían que yo era solo una niña. Así que terminé bebiendo en secreto, por mi cuenta. Esa etapa duró poco, tal vez un mes, pero fue suficiente para marcar un inicio en mi camino hacia las adicciones.

Jamás olvidaré la imagen del día que mi mamá tuvo que salir de emergencia al hospital porque mi hermano se puso muy grave. Él iba en la carriola y mamá le ofrecía una galleta. Él intentaba tomarla, pero se le caía de la mano una y otra vez. Cuando mamá se dio cuenta de que la buscaba sin éxito, comprendió que no la sostenía porque no podía ver. En ese instante lo tomó con desesperación y, sin perder más tiempo, empezó a reunir como pudo algunas cosas mientras esperaba el taxi que la llevaría al hospital. Ese hospital estaba a muchas horas de distancia; lo supe tiempo después, cuando fuimos a visitarlos.

Todo ocurrió muy rápido. No hubo instrucciones. Nadie quedó a cargo. Fue la primera vez que mi hermana y yo nos quedamos completamente solas. Yo tenía diez años; ella, apenas ocho. Nunca antes habíamos estado sin la supervisión de un adulto. Pero en ese momento, lo único que importaba era que mi mamá hiciera todo lo posible por salvar a mi hermano. Y, de pronto, como su única aliada, quedé a cargo de todo, de la casa, de la tienda y, sobre todo, de mi hermana.

La responsabilidad cayó sobre mis hombros sin previo aviso. De un día para otro, tuve que hacerme grande. Me tocó cuidar de ella y también atender la tiendita de abarrotes que teníamos en casa. Era nuestra única fuente de ingresos.

Mi rutina cambió abruptamente. Todos los días comenzaban muy temprano. Tenía que levantarme a tiempo para alistarme antes de las 8 a.m., llevar a mi hermana a la escuela y asistir a clases yo también. Vivía con miedo, ese miedo que aprieta el pecho y no te deja respirar, yo no quería que a mi hermanita le pasara nada. Mientras ella salía a jugar, yo me quedaba al pendiente de la tienda, siempre con un ojo en la puerta y otro en la calle, por si algo ocurría.

Al volver de la escuela, abría las puertas del local con la esperanza de vender, aunque fuera un poco. Con lo poco que se juntara, comprábamos algo para comer. Yo no sabía cocinar. Lo intentaba, pero todo se me quemaba. Al final, era más práctico —y menos estresante— comprar comida hecha.

En ese tiempo, yo ya bebía con frecuencia. Me perdía con facilidad. Y muchas veces, en medio de esa desconexión, olvidaba a mi hermana. Pero había algo en esa embriaguez que me aliviaba —o al menos, así lo sentía entonces—. El alcohol era mi refugio, una especie de anestesia emocional. Me desconectaba de todo lo que dolía, de todo lo que no sabía cómo nombrar.

Recuerdo una noche con particular claridad. Guadalupe, mi hermana mayor por parte de papá, vino desde la ciudad a visitarme. Me encontró afuera de la casa, borracha, llorando desconsoladamente. No era solo el efecto del alcohol... era el peso de una infancia interrumpida, el dolor de ser una niña que se sentía completamente sola. Cuando me preguntó qué me pasaba, le conté todo, lo de mamá, lo de mi hermano, la tienda, el miedo, y la carga que sentía. Aunque ella no podía hacerse cargo de nosotras, su presencia trajo algo de consuelo. Con su ayuda, y la de otros hermanos, sentimos un poco menos el abandono.

En medio de todo eso, llegó la Semana Santa. Para muchos es tiempo de oración y recogimiento; para otros, vacaciones. En nuestra comunidad, era tradición ir al río o al mar, que quedaban cerca. Yo observaba cómo las familias se organizaban, preparaban comida, y salían a disfrutar. Y aunque lo mío era cuidar la tienda, ese año no quise que mi hermana se quedara sin su momento de alegría. Pensaba en ella, en que merecía un instante de niñez, de juego, de sol y agua. Así que, por una vez, decidí cerrar la tienda y dejarnos llevar por el impulso de disfrutar como cualquier otra familia.

El Sábado de Gloria, mis hermanos mayores nos invitaron a salir. Nos unimos al grupo y nos fuimos juntos al río... luego al mar. Todo parecía ir bien, hasta que nuestra abuela paterna se enteró de que estábamos solas. No tardó en llegar por nosotras. Pero no lo hizo con ternura ni preocupación, sino con furia. Su reacción fue dura, tal vez por miedo, tal vez por rabia o por sentirse fuera de control. Nos gritó, nos reprochó, y nos llevó a su casa.

Solo aguanté esa tarde. Al anochecer, busqué una salida. No quería quedarme ahí. No me sentía protegida, ni comprendida. Recuerdo que saltamos desde el segundo piso —mi hermana me siguió sin dudar— y salimos corriendo. Terminamos en casa de una amiga, donde pasamos la noche. Y después... regresamos a casa. Nuestra casa.

Durante esos días en los que estuvimos completamente solas, algo ocurrió que marcó aún más mi sensación de vulnerabilidad. Una tarde, mientras jugaba en casa de una amiga, noté a lo lejos que una pareja de vecinos entraba a mi casa como si nada, sin tocar la puerta, sin pedir permiso, sin la menor preocupación.

Atardecía, y en mi mente comenzó a sonar una alarma. Recordé que el dinero de la venta del día estaba a la vista, justo en la caja del cambio de la tiendita. Sentí un vuelco en el estómago. Salí corriendo, con el corazón latiéndome en los oídos, esperando que no fuera demasiado tarde. Cuando llegué, lo confirmé, faltaban cien pesos. Los confronté, con más miedo que firmeza. Les reclamé por el dinero, por haber entrado sin avisar, por aprovecharse. Pero ellos lo negaron todo. Dijeron que solo habían entrado "para ver si estábamos bien." Lo decían con una naturalidad que me desconcertaba. Yo solo tenía diez años. ¿Qué más podía hacer frente a dos adultos que mentían con tanta soltura?

Me sentí impotente. Pequeña. Invisible. No tenía pruebas. No tenía a quién acudir. Solo sabía que algo injusto había pasado… y que nadie haría nada por evitarlo.

En otra ocasión el vecino llegó borracho y entró hasta mi cuarto. Me decía cosas incómodas, incluso me pedía que lo besara. Cuando se trataba de abuso, mi cuerpo se paralizaba. No podía decir que no. Sentía asco. Por suerte, llegó su esposa y se lo llevó. Nadie habló del incidente. Como siempre, todo se ocultaba, y yo me quedaba con la vergüenza y la culpa.

La primera vez que me paralicé fue a los cinco años, durante un abuso tan traumático que lo bloqueé hasta los diecisiete. Entonces entendí que mis pesadillas no eran simplemente sueños, que realmente lo había vivido. Nunca dije nada. Me daba vergüenza. Tenía miedo. Pensaba que no era importante, que, si no lo decía, no existía.

En algún momento de mi niñez me convertí en un blanco constante del acoso sexual: vecinos, familiares, desconocidos… Todos encontraban una forma de invadir mi cuerpo. No era algo que ocurría solo a puerta cerrada; también ocurría en público, sin que nadie interviniera. Recuerdo una tarde en la plaza, cuando un hombre muy alto se me acercó y me tocó de forma indiscriminada. Él era tan alto y yo tan diminuta que ni siquiera pude verle la cara; solo le miré sus manos morenas sobre mis diminutos pechos, que ni siquiera se me habían formado. Nadie dijo nada. Nadie lo detuvo.

En otra ocasión, mi madre y yo viajábamos en un camión y decidimos sentarnos en la parte de atrás. Ella estaba sentada a mi lado izquierdo, mirando la ventana. A mi lado derecho se encontraba sentado un señor a la orilla del asiento, y yo estaba sentada en medio de los dos. Como mi madre no percibió nada, quizás porque miraba hacia la ventana, el señor se sintió con derecho a tocarme indebidamente. Yo me paralicé del miedo, incapaz de pronunciar una sola palabra; dejé que ocurriera. Mi silencio era tan profundo que ni siquiera la presencia de mi madre podía rescatarme.

Durante una pijamada en casa de una amiga, mientras dormíamos, su hermano mayor intentó sacarme del cuarto para llevarme al suyo. Me destapó y luego me tomó del brazo con firmeza, decidido. Si mi amiga no se hubiera despertado y lo hubiera corrido, no sé qué habría ocurrido. Esa posibilidad me sigue estremeciendo hasta hoy.

Así fue como llegué a la adolescencia... luego a la adultez: normalizando el abuso, el acoso, callando lo que me lastimaba, y sintiendo una repulsión hacia mi propio cuerpo. Creía que había algo en mí que atraía a los depredadores. Pensaba que mi cuerpo era el problema, que era mi culpa, que yo era quien provocaba todo aquello. Y con esa falsa creencia, cargué durante años.

Quiero dejar claro que mis padres estuvieron al pendiente de mí lo mejor que pudieron. Pero aun con su presencia, los abusos eran frecuentes.

Durante los días que mi hermano estuvo hospitalizado, llegó el 10 de mayo, el Día de las Madres en México. Mamá aún no regresaba, y nosotras la extrañábamos muchísimo. Quería verla, al menos ese día. Era una fecha especial, y no soportaba la idea de pasarla sin ella. Tomé todo el dinero que tenía y decidí buscarla. No sé cómo lo logré, pero fue la primera vez que viajamos solas.

Tuvimos que tomar tres camiones y un taxi. A mitad del trayecto, llevé a mi hermana a un restaurante. Nunca habíamos estado en un lugar así. Pensaba, ojalá alcance el dinero, pero verla feliz me animaba y me hacía sentir que todo iba a salir bien. Al salir, le compré un regalo a mamá, un globo de cristal que, al agitarlo, parecía nevar.

Cuando por fin llegamos al hospital, mi corazón latía fuerte. Mamá no sabía que iríamos; quería darle una sorpresa. Nos anunciamos en la recepción, y cuando ella salió a vernos, sentí cómo mi corazón se llenaba de calma. Pero al preguntar por mi hermano, algo se quebró. Al verlo tan frágil, inocente, sentí una impotencia profunda. Aún creía que la vida era terriblemente injusta. Ella nos explicó que, aunque se salvara, existía la posibilidad de que quedara ciego, mudo o paralítico. Me despedí de ella con un nudo en el pecho, y regresamos a casa.

A los pocos días, mi mamá regresó del hospital con mi hermano, aunque estuvo muy enfermo, con el tiempo logró recuperarse con pocas secuelas. A pesar de que las cosas eventualmente se estabilizaron, ese golpe cambió muchas cosas dentro de mí, comencé a rebelarme contra todo. Mi dolor se convirtió en rabia, y mi alcoholismo, que ya se asomaba desde antes, no hizo más que intensificarse. Fue entonces cuando empezó a crecer una tensión constante con mi madre. Podría decir, incluso, que se gestó entre nosotras una especie de competencia silenciosa, cargada de resentimiento.

Durante su ausencia, sentí que me había dejado su lugar. Y yo lo asumí sin que me lo pidiera. Me ocupé de mi hermana, de la casa, y de sostener todo como si fuera mi responsabilidad. Lo tomé como propio, sin ser del todo consciente de que, en el fondo, no se lo quería devolver. Me dolió su partida, y cuando regresó, ya no confiaba en ella del mismo modo. Temía que volviera a irse. Pero en ese momento, no podía ponerle palabras a ese temor. Solo sabía que estaba enojada. Un enojo profundo que no sabía de dónde venía.

Con el paso de los años, ya en la adultez, comprendí lo que entonces no podía nombrar, estaba resentida. Y que, para sanar esa herida, tendría que hacer un largo trabajo interior.

Mirando hacia atrás, entiendo muchas cosas que en su momento no sabía nombrar. Hoy sé que lo que viví desde pequeña tuvo un impacto enorme en la forma en que me relacioné conmigo misma y con los demás. No fue casualidad que buscara afecto en relaciones tan intensas o que empezara a experimentar con mi sexualidad tan temprano.

Diversos estudios han demostrado que el abuso sexual infantil no solo afecta en el momento en que ocurre, sino que sus consecuencias se extienden a lo largo del tiempo. Puede generar trastornos como ansiedad, depresión, estrés postraumático, consumo de sustancias, dificultades para establecer relaciones afectivas sanas o incluso nuevas experiencias de violencia. (Lamoureux et al., 2012).

Y aunque en ese momento yo no lo entendía, lo estaba viviendo. Sin darme cuenta, estaba repitiendo un patrón. Buscaba amor, pero también estaba huyendo del dolor. Las relaciones que formaba eran una mezcla de necesidad, miedo y vacío. No sabía cómo ponerle nombre a lo que me pasaba, solo sabía que algo dentro de mí estaba roto… y yo intentaba encontrar con urgencia algo —o alguien— que lo reparara.

Duelo y Rebelión

Sin duda, mi preadolescencia fue la etapa más larga y confusa de mi vida. Me sucedieron tantas cosas difíciles de procesar, que aún hoy me cuesta entender cómo todo aquello se fue hilando... y, sobre todo, cómo dejó una huella tan profunda en mí.

Mi mamá intentó ayudarme de muchas formas. Me disciplinaba, luego me pedía perdón; a veces cedía ante mis caprichos, y otras intentaba imponer límites firmes. Pero nada de eso parecía suficiente para mí. Poco a poco, se fue rindiendo, agotada emocionalmente, sin saber ya cómo alcanzarme.

En ese tiempo yo estaba por graduarme de la primaria, alrededor de junio. Era un momento que había esperado durante todo el año, la ceremonia, el vestido nuevo, las fotos con mis amigas... pero nada de eso sucedió como yo lo imaginaba. No pude participar como las demás niñas, y aunque fui a la ceremonia, lo hice sin vestido, sin nada especial, sintiéndome fuera de lugar.

En mi casa no había dinero. Para mi mamá, la prioridad era la salud de mi hermano, que seguía en tratamientos; mi papá no había mandado dinero desde Estados Unidos. Y yo, que tenía buenas calificaciones y que había puesto tanto esfuerzo, sentía que era profundamente injusto no poder celebrar ese día que para mí significaba tanto.

Esa mezcla de impotencia y tristeza se convirtió en enojo. Me enojaba con mi mamá, aunque ahora entiendo que ella hacía lo que podía con lo que tenía. Pero en ese entonces, yo solo veía lo que me faltaba. Ya había empezado a tomar, y cargar con tantas emociones a esa edad me hacía sentir desbordada.

Lo más duro fue presentarme a la ceremonia con marcas en la espalda. Mi mamá me había castigado la noche anterior, y esas marcas ardían bajo mi ropa mientras sonreía con las demás niñas. Era una sonrisa forzada, sostenida por la vergüenza y el dolor silencioso de no poder vivir ese día como las demás.

Esa graduación, en lugar de ser un recuerdo bonito, se convirtió en otra herida que guardé en silencio. Yo, por mi parte, me rebelé. Me alejé de todo y me refugié en dos escapes, el alcohol y Víctor Cruz, originario de San Francisco del Mar, Oaxaca, quien más tarde sería el padre de mi segunda hija.

A Víctor lo idealicé desde el primer momento. En mis ojos de adolescente herida, él representaba fuerza, misterio... y una promesa de escape. Lo vi como mi tabla de salvación, como ese tipo de hombre que parece saberlo todo, que no se quiebra, que te puede proteger de lo que sea. Por mucho tiempo creí que él era ese refugio que yo necesitaba, hasta que la adultez y la violencia me obligaron a mirarlo con otros ojos.

Era mayor que yo, y aunque su estatura rondaba apenas el metro sesenta, su presencia imponía. De complexión delgada, piel morena, ojos pequeños y semirrasgados, nariz recta y una mandíbula firme que le daba un aire de dureza, como si fuera imposible atravesar la coraza de su rostro. Casi nunca se quitaba la gorra, como si escondiera una parte de sí que solo unos pocos podían conocer. Su estilo era inconfundible, camisetas negras con estampados de calaveras, pantalones entubados, y sus Converse gastados que parecían contar sus propias batallas. Tenía una estética rockera, bien pensada, que proyectaba rebeldía y una especie de melancolía silenciosa.

Fue justo en esa etapa, en medio del caos familiar, cuando empecé a explorar, a preguntarme cosas y a buscar salidas. Recuerdo haber escuchado en el barrio que Víctor fumaba marihuana, y en ese entonces, yo sentía una mezcla de curiosidad y necesidad de transgredir. Quería vivir algo diferente. Así que un día, armándome de valor y con la ingenuidad de una niña rota, me acerqué a él y le pregunté si podía compartirme un toque, como se dice coloquialmente, para darle una fumada a un cigarro de marihuana.

—Pues ahorita no traigo —me respondió—, pero te puedo conseguir.

A partir de ahí, comenzamos a hablar. Nuestras conversaciones se volvieron frecuentes, casi inevitables. Curiosamente, nunca me dio marihuana. Sin embargo, me dio atención, presencia, una sensación de pertenencia. Y sin darnos cuenta, comenzamos una relación.

Era un pueblo pequeño, típico de Oaxaca, donde todo el mundo se conoce. Él solía pasar mucho tiempo en el parque, y yo también. Ya para ese entonces mis papás no estaban tan presentes, y yo pasaba más tiempo en la calle. Víctor se juntaba con chicos mayores, y todos en el pueblo los identificaban como el grupo de los marihuanos. Incluso mis padres me advertían que no me acercara a él.

Recuerdo especialmente una noche en la que tuve una fuerte discusión con mi mamá. Llegué a casa borracha, y esa fue una de las primeras veces en las que la rebeldía se me desbordó. Aunque mi mamá no era una mujer violenta, creo que en su desesperación por no saber cómo manejar lo que me estaba pasando, reaccionó con dureza. Esa noche me golpeó con un cable de luz; fue algo muy doloroso. Después de eso, me corrió de la casa.

Sin saber a dónde ir, caminé unas cuadras hasta que me encontré a Víctor. Le conté lo que había pasado y le dije, sin rodeos: —Mi mamá me corrió. No sé cómo le vas a hacer tú, pero me vas a llevar a tu casa.

Entonces, Víctor me dijo, "Bueno, pues yo te voy a acompañar." No mencionó llevarme a su casa, solo que estaría conmigo. Nos fuimos a sentar a una escuela cercana a platicar, mientras tanto mi mamá me buscaba por todo el pueblo… acompañada de una patrulla de policía.

Cuando nos encontraron, mi mamá, furiosa y asustada, pidió que arrestaran a Víctor. Yo no lo podía creer. Les grité —¿¡Cómo se lo van a llevar arrestado!?

Y en medio de toda la confusión, solté con rabia: —¡Pues entonces me voy con él!

Al final, nos llevaron a los dos detenidos.

La cárcel era espantosa. Oscura, con un olor penetrante a orina y excremento. Allí dentro, la gente comenzó a hacer suposiciones, como si Víctor y yo hubiéramos tenido intimidad, aunque no era así. Pero como yo no quería regresar a casa, y él tampoco sabía cómo explicar lo que había pasado, decidimos no decir la verdad. Callamos, solo para poder estar juntos y evitar más problemas.

Al poco tiempo, llegó su tío y nos preguntó qué había pasado. Pero Víctor, que siempre fue muy penoso, no dijo una sola palabra. Mi mamá, por su parte, me sacó de ahí sin hacer demasiadas preguntas. Pero en lugar de castigarme o confrontarme, optó por lo que ella creía era la solución más digna, arreglar un matrimonio entre ambas familias para reparar el daño.

En muchos pueblos de Oaxaca, como en el que crecimos, todavía se practicaban (y en algunos casos se siguen practicando) los *usos y costumbres*, formas tradicionales de justicia comunitaria donde, ante una situación como la nuestra —una supuesta relación entre una menor y un joven—, la forma de *reparar el daño* era a través del matrimonio. Sin importar la edad, las familias negociaban entre ellas el destino de las jóvenes.

Según investigaciones como la de *Floridalma Romero (2020)* en su estudio sobre violencia estructural en comunidades indígenas, este tipo de prácticas reflejan una visión profundamente patriarcal donde el honor familiar pesa más que los derechos de las niñas, normalizando uniones forzadas como forma de solución social.

Recuerdo que mi mamá, muy astuta, le dijo a la familia de Víctor:
—Vamos a esperar un año para que se casen, y después él se la lleva a su casa.

Sin embargo, solo fuimos novios oficiales durante un mes; él llegaba a mi casa y nos trataba como una pareja normal.

Fue entonces cuando mi mamá decidió que nos mudáramos a su tierra, Nanchital, Veracruz. Ella le prometió a la familia de Víctor que volveríamos al año siguiente... pero eso nunca sucedió. El matrimonio quedó en pausa, como algo inconcluso. Aunque con el tiempo, años después, retomamos esa historia.

Ya en Veracruz, el divorcio de mis padres nos dejó sin el apoyo económico que mi papá enviaba desde Estados Unidos, y eso cambió por completo nuestra vida. La situación económica se volvió aún más difícil. Apenas alcanzaba para lo básico. Recuerdo que ya no había dinero ni siquiera para comprar mi uniforme escolar. Asistía a clases con una playera de propaganda que alguien me había regalado, del partido político mexicano PRI. Me daba mucha vergüenza. Fue uno de esos momentos que marcan un quiebre, un choque con una realidad que dolía.

En la secundaria me costaba encajar, aunque me gustaba ir. Sin embargo, donde realmente sentía pertenencia era con el grupo de amigos de una prima mayor. Ella ya tenía su círculo, y pasaban mucho tiempo en la calle. Muchos de ellos no solo bebían alcohol, sino que también consumían otras drogas para escapar de su realidad. En aquel tiempo, el uso de inhalantes era muy común en esa zona.

La precariedad me llevó a adoptar conductas nocivas que, aunque me daban un alivio momentáneo, terminaban por empeorar mi realidad. En ese tiempo, mi padre no proveía, y cosas tan simples como comprar el uniforme de educación física o el de uso diario se volvían un reto imposible. Ni siquiera podía pagar el autobús ni comprar unos tenis adecuados para asistir. Por eso tuve que dejar la escuela; me daba mucha vergüenza no tener lo básico; era una constante sensación de incomodidad, de no pertenecer.

Hubo un momento en el que se volvió más fácil ausentarme que enfrentarme a los maestros para explicar que no podía cubrir los materiales ni el transporte. Fue así como terminé abandonando los estudios, no porque no quisiera seguir, sino porque el entorno no me lo permitía. Era más sencillo desaparecer que dar explicaciones.

En medio de todo eso, mi hermano seguía con sus terapias, y mi mamá, naturalmente, estaba volcada en su salud. Su atención y energía estaban enfocadas en él, y yo, en silencio, comencé a desdibujarme del centro familiar. Así, sin darme cuenta, ese año escolar lo perdí por completo. No por falta de ganas, sino porque las circunstancias me empujaron a otro camino.

Fue entonces cuando empecé a salir más con un grupo de amigos mayores, chicos con los que también me drogaba. Al principio no me querían con ellos. Me decían: —¿Cómo crees? Si nos ven contigo, la policía nos va a meter en problemas. —Yo era muy menor y eso les preocupaba.

Pero a mí no me importaba. Al contrario, quería demostrarles que, a pesar de mi edad, era lo suficientemente madura como para estar ahí. Les pedía cigarros —aunque no me gustaban ni sabía fumar—, solo para hacerme la fuerte y aparentar que yo también podía formar parte de su mundo. Al principio me rechazaban, pero fui insistente... tanto que finalmente me aceptaron.

Ellos tenían entre 17 y 18 años. No estudiaban ni trabajaban, pero casualmente siempre tenían dinero para comprar alcohol, tabaco, marihuana... y todo lo que consumíamos. Fue en ese ambiente donde empecé a involucrarme más con el consumo, creyendo que eso me hacía pertenecer, que me daba valor, cuando en realidad solo me alejaba más de mí misma.

Con el tiempo, comencé a considerarlos mis amigos, y poco a poco me fui hundiendo más en su mundo. Fue con ellos que probé por primera vez la marihuana, el thinner y el pegamento... aunque yo siempre tendía a buscar lo más fuerte, lo que me hiciera sentir menos.

Recuerdo con claridad la primera vez que inhalé solventes. Lo que me atrapó fue la sensación de desconexión total, los sonidos cambiaban, las formas se distorsionaban, y el mundo real se desdibujaba hasta desaparecer. Era un viaje breve, pero profundo. No era como el cristal, que te mantenía despierta y con una adrenalina intensa; los inhalantes me arrancaban del presente, me sacaban por completo de mi realidad.

El efecto duraba apenas unos diez minutos, y entonces volvía a inhalar... una y otra vez. Así podían pasar cinco, seis, hasta ocho horas, hasta que el pegamento se secaba o el thinner se acababa. En ese entonces, no me atraía tanto la marihuana; la fumaba de vez en cuando, pero lo que realmente buscaba era no sentir. Me refugié en los inhalantes como quien busca desaparecer un rato del mundo. Porque, al final, eso era lo que hacía, intentar no sentir, aunque fuera por un momento.

Semillas en el Silencio

Convivir en aquel grupo de amigos fue el principio de muchas primeras veces. Yo tenía once años cuando comencé a acercarme a Edgar. Nos reuníamos a pasar el rato, entre risas, pláticas largas y tardes que se alargaban sin rumbo fijo. Fue ahí, en ese pequeño universo, donde empezamos a salir.

Él era distinto a los demás, más reservado, más callado. Su apodo era *Crilly*, así lo llamaban en el grupo. Era bajo de estatura, incluso más chaparro que yo, de cabello quebrado, piel morena y ojos rasgados. Había una calidez natural en su sonrisa, una especie de dulzura tranquila que lo hacía parecer más grande, no en edad, sino en forma de ser. Con él no solo experimenté las drogas, sino también mis primeras experiencias afectivas e íntimas.

Lo que más me gustaba de él —y lo recuerdo con una ternura especial— era que, cuando me quedaba con él, solía contarme cuentos o historias hasta que me quedaba dormida. Esa rutina, sencilla pero constante, me hacía sentir segura. Me arrullaba la voz de alguien que, al menos por un momento, parecía querer cuidarme.

Había algo en Edgar que me llamaba profundamente la atención. Tal vez porque era diferente al resto de los muchachos. Tenía quince años y ya trabajaba; vivía por su cuenta, aunque con lo justo. Rentaba carritos automáticos en el parque, y aunque ganaba poco, se mantenía solo. No le alcanzaba para mucho, pero se hacía cargo de sí mismo. Ese detalle, en ese momento de mi vida, lo volvía admirable. En él vi algo que no encontraba en otros: responsabilidad, ternura y, sobre todo, una sensación de refugio.

Alrededor de mis doce o trece años, Edgar fue a hablar con mi mamá para pedirle permiso para casarse conmigo. Aunque ya teníamos permiso para andar juntos, mi mamá fue clara, "Yo me traje a mi hija desde Oaxaca para que no se casara tan joven." No te puedo dar su mano; está muy chica." Aun así, nos permitió seguir viéndonos.

Tiempo después, mi mamá volvió a casarse y nos mudamos a Coatzacoalcos, Veracruz, una ciudad no muy lejos de Nanchital. A pesar de la distancia, seguía viendo a Edgar los fines de semana. Me escapaba o encontraba la forma de visitarlo. Hasta que, en una de esas visitas, me quedé a vivir con él durante un mes, pero luego me regresé a casa por comodidad económica, ya que su salario no era suficiente para mantenernos a los dos y pasamos por muchas carencias.

Nuestra relación duró cerca de dos años. Al principio, yo seguía frecuentando a mi grupo de amigos, pero con el tiempo me fui quedando más con Edgar. Sin embargo, cuando regresé a casa, todo comenzó a enfriarse entre nosotros. Poco después, él emigró a Estados Unidos, después de casi dos años de relación, volvió el vacío. Esa soledad que siempre había estado ahí se hizo más grande, más insoportable

Mirándolo con la perspectiva del tiempo, esa relación marcó el inicio de muchos patrones que repetiría después. Sin darme cuenta, buscaba en Edgar una figura paternal que no había tenido. Fue también la primera vez que viví violencia en una relación. La primera vez que una pareja me abofeteó fue con él. No recuerdo exactamente si fue en una discusión o jugando... solo recuerdo el golpe. Ambos tomábamos con frecuencia, y aunque después él se disculpó, yo me quedé. Lo perdoné. Y ahí comenzó todo. Ahí se instaló, sin que yo lo supiera, el ciclo de relaciones tóxicas.

En ese entonces era muy joven e inexperta, y el control de mis adicciones se me escapaba de las manos. Cuando mi mamá descubrió que consumía drogas, hizo todo lo que estuvo a su alcance para detenerme, me encerraba, me amarraba, trataba de mantenerme a salvo, pero yo siempre encontraba la manera de escaparme. Nada parecía hacerme reaccionar.

Mis padres, agotados de verme así, decidieron internarme en un centro de rehabilitación. En ese entonces ya tenía 13 años, aunque dudé al principio, terminé aceptando. Pensé, Si les importo, aunque sea un poco, tal vez esto me ayude. Así fue como me anexaron por primera vez.

El anexo estaba en la Ciudad de México. Solo duré un mes antes de escapar. Me fui convencida de que no era el lugar para mí o de que no me trataban bien, pero en el fondo sabía que estaba huyendo. Aun así, esa experiencia dejó una huella profunda. Por primera vez reconocí que tenía un problema. Entendí, aunque fuera de forma confusa, que no era normal que una niña se emborrachara o se drogara como yo lo hacía.

Durante el tiempo que estuve internada, se hablaba abiertamente del abuso. Escuchar esas historias fue como un despertar. Aunque no lo decía en voz alta, dentro de mí ya comenzaba a reconocer lo que había vivido. Esa semilla quedó en mí, creciendo en silencio, hasta mucho tiempo después.

Fue entonces que pocos meces antes de cumplir los 14 años conocí a Emilio Hernández, el papá de mi primera hija y quien era seis años mayor que yo. El medía aproximadamente 1.60 metros, tenía una presencia agradable, complexión delgada, piel morena, cabello negro y ondulado, ojos grandes y expresivos, nariz recta y facciones suaves. Su sonrisa fácil y su actitud siempre conversadora lo hacían caer bien casi de inmediato.

Emilio era sociable, risueño, carismático... alguien que sabía cómo conectar con los demás, al menos en la superficie. El comenzó a acercarse; platicábamos, convivíamos, y poco a poco empecé a sentirme cómoda con él. No recuerdo si hubo una petición formal, pero lo cierto es que la cercanía creció de forma natural y progresiva.

En ese tiempo yo tenía claro que no quería seguir bebiendo, lo pensaba, lo decía, pero ponerlo en práctica era otra historia. Emilio seguía tomando, y mis amigos también, entonces me decía a mí misma, *Bueno, tal vez no me drogue... pero sí puedo tomar un poco*. Pero ese *poco* siempre terminaba convirtiéndose en una borrachera.

Aunque ya no bebía con tanta frecuencia, aún recaía. A veces alguien llegaba y me ofrecía alcohol, y yo decía, "Está bien, vamos a darle." Así empezaba todo otra vez, me tomaba unos tragos, terminaba mal, y me llevaban a mi casa. Me encerraba uno o dos días… y luego, como si nada, hasta el siguiente fin de semana volvía a lo mismo.

Desde entonces comencé a alejarme de mi realidad, porque era muy difícil ponerle nombre a los abusos que había vivido. Había cosas en mi adolescencia que no lograba reconocer del todo, pero que me afectaban profundamente. Una de ellas era que, cuando no me drogaba, caía en una depresión muy fuerte, no podía dormir, lloraba sin razón aparente y sentía una incomodidad constante, como si algo en mí no estuviera bien.

Quedarme en casa no era una opción, no me sentía a gusto. Hoy me sorprende pensar cómo una niña entre los diez y quince años podía andar sola por la noche, caminando por las calles. En ese tiempo, tal vez no había tanto peligro como ahora, pero aún así, muchas veces caminaba largas distancias con amigos, y otras tantas lo hacía sola, regresando a casa a las dos o tres de la mañana. No medía el riesgo; para mí, cualquier cosa era mejor que quedarme encerrada en mi casa. Solo volvía para dormir, y al día siguiente me iba de nuevo.

Al principio, Emilio se mostraba muy atento y detallista. Me conquistaba con gestos románticos, me cantaba con su guitarra, me hacía regalos, e incluso me dio mi primer celular —aunque, con el tiempo, también me lo quitó. En ese momento, todo me parecía emocionante, incluso halagador. Yo era muy joven, inexperta y emocionalmente vulnerable, así que ese tipo de atenciones me hacían sentir especial, como si por fin alguien me valorara.

Más tarde entendería que lo que viví con Emilio tenía un nombre, bombardeo de amor. Se trata de una forma de manipulación emocional en la que alguien abruma a la otra persona con afecto, regalos y gestos intensos desde el inicio de la relación. El objetivo suele ser generar una conexión rápida y profunda, que muchas veces deriva en dependencia emocional y control. En mi caso, aún no lo sabía, pero ya estaba atrapada en una dinámica desigual.

Yo, en ese momento, no lo entendía así. Me sentía especial, importante, como si al fin alguien se preocupara por mí de verdad. Pero todo eso era apenas el comienzo de algo que terminaría siendo muy distinto a lo que imaginé.

Yo sentía que Emilio me regalaba muchas cosas, y eso me llamaba mucho la atención. Me hacía sentir valorada, apapachada, como si finalmente alguien me estuviera cuidando, aunque fuera a través de lo material. Al principio, parecía el hombre perfecto. Durante nuestro noviazgo se mostraba atento, amoroso, detallista. Pero todo cambió cuando quedé embarazada.

Él trabajaba vendiendo celulares, y era muy bueno en lo que hacía. Me gustaba escucharlo hablar, cómo convencía a las personas de comprar, cómo usaba sus palabras para persuadir. Era un hombre que sabía hablar, que sabía manipular. En comparación, Edgar —mi novio anterior— también había sido una buena persona, pero no tenía recursos. Trabajaba, sí, pero muchas veces no le alcanzaba ni para lo básico. Con él me fui a vivir por un mes, pero hubo días en los que no teníamos ni para comer, y eso me pesaba, porque yo venía de una casa donde al menos no faltaba la comida. Por eso, al poco tiempo regresé con mi familia.

Mirando hacia atrás, hoy puedo comprender mejor por qué tomé ciertas decisiones tan joven. Las personas que han vivido abusos en la infancia —especialmente abusos sexuales o emocionales— suelen desarrollar relaciones afectivas de alto riesgo desde edades tempranas. Según un estudio del *National Child Traumatic Stress Network (NCTSN)*, es común que quienes han experimentado traumas infantiles busquen vínculos intensos o relaciones marcadas por dinámicas de poder desiguales, como una forma inconsciente de repetir, entender o incluso intentar reparar lo vivido.

Yo, sin saberlo, estaba repitiendo un patrón.

Lo que al principio pareció una historia de amor con Emilio, terminó convirtiéndose en algo muy distinto. Nuestra relación no solo estaba marcada por el romance juvenil, sino también por la manipulación, la dependencia emocional y una profunda desigualdad.

Emocionalmente, Emilio era evasivo. Tendía a manipular las situaciones victimizándose, fingiendo enfermedades o incluso desmayos para evitar confrontaciones o asumir responsabilidades. Si se sentía acorralado, su actitud cambiaba, se volvía irritable, y en ocasiones, incluso agresivo. Especialmente cuando sentía que perdía el control.

Evitaba cualquier forma de confrontación directa y rara vez asumía las consecuencias de sus actos. Su respuesta más común era alejarse emocionalmente o culpar a los demás. Esta inmadurez afectiva lo volvía inestable, no solo como pareja, sino también como figura paterna.

Y, sin embargo, detrás de todo eso, Emilio parecía arrastrar un miedo profundo a la soledad. Su mayor anhelo era sentirse importante para alguien, validado, necesitado. Esa necesidad de pertenencia lo aferraba a relaciones que, aunque no podía sostener de forma sana, no estaba dispuesto a soltar.

Por mi parte, sentía una urgencia interna por cambiar. Cada noche, lloraba en silencio y rezaba con desesperación. Le pedía a Dios, al universo, a lo que fuera, que algo —o alguien— llegara a mi vida para transformarla. Tenía fe en que aún podía salir adelante, que no todo estaba perdido.

Fue entonces cuando empecé a trabajar empaquetando dulces con un vecino. Con ese dinero logré volver a la escuela: pagaba mi uniforme, el autobús y lo necesario para seguir estudiando. A pesar de las dificultades, yo seguía soñando con "ser alguien en la vida", aunque eso implicara asumir responsabilidades de adulta cuando aún era una niña.

Ese año tuve que repetir el primer grado de secundaria, y por esas ironías de la vida, terminé cursándolo junto a mi hermana Yobana. Ella y yo nos llevamos apenas un año, y aunque era extraño compartir el mismo grado, también fue reconfortante no estar sola en ese proceso. Aún recuerdo lo mucho que me esforzaba por hacer las cosas bien. Sentía que algo bueno, por fin, estaba tomando forma.

Yo pedía un ángel. Uno que me cuidara, que me salvara. Y lo hice con tanta fe... que olvidé especificar. Pedía uno con alas y aureola, pero la vida me mandó uno de carne y hueso. Porque fue justo en ese tiempo cuando quedé embarazada.

Ser una adolescente embarazada no era bien visto, y mucho menos aceptado en la escuela. A los tres meses de gestación, me vi obligada a dejar los estudios. Fue profundamente frustrante. Había luchado tanto por entrar por mis propios medios, sin depender de nadie, y justo cuando empezaba a tomar impulso... todo se me arrebató otra vez.

Aunque no quería admitirlo, algo en mí ya lo presentía. El retraso, los síntomas, la intuición... y la culpa. Finalmente, me hice la prueba, acompañada por Emilio. Salimos del laboratorio con el sobre en la mano. Aún no lo habíamos abierto, pero mi corazón ya sabía la respuesta.

Nos sentamos en una banca del parque central. Cuando por fin lo abrí, leí en silencio, positivo. Y todo se detuvo. El bullicio de la ciudad desapareció. No escuchaba nada más que el viento. Emilio hablaba, emocionado y feliz, pero yo no podía decir ni una palabra. Solo lloraba.

Regresamos a casa. Me encerré en mi cuarto, incapaz de hablar con nadie. Sentía un torbellino de emociones que no sabía nombrar, miedo, culpa, confusión, incredulidad. Había una vida creciendo dentro de mí... y yo apenas comenzaba a entender lo que eso significaba.

Cuando mi mamá llegó y me vio, no necesitó que le dijera nada. Ya lo sabía. Y, para mi sorpresa, no me reprochó. Me apoyó. Su calma y su presencia fueron el primer sostén que tuve para empezar a procesar la noticia. Su actitud aligeró parte de la ansiedad que me provocaba imaginar la responsabilidad que me venía encima.

Fue durísimo porque no lo esperaba. Pero decidí tenerla. Me sentía confundida. No sabía cómo enfrentar lo que venía. Esa etapa que muchas adolescentes anhelan —construir un camino, terminar la secundaria, tener sueños propios— se me escapaba de las manos. No tenía la información ni las herramientas para cuidarme, mucho menos para tomar decisiones con claridad. Me sentía sola, sin guía. Y, como era de esperarse, todo comenzó a salirse de control.

En México, el embarazo adolescente es una de las principales causas de deserción escolar entre niñas y jóvenes. De acuerdo con datos del Consejo Nacional de Población (CONAPO) y del INEGI, cada año más de 300,000 adolescentes se convierten en madres, y muchas de ellas abandonan la escuela como consecuencia directa. Las jóvenes embarazadas suelen enfrentar estigmas sociales, falta de apoyos institucionales y la ausencia de políticas educativas inclusivas, lo que limita gravemente sus oportunidades de desarrollo.

El embarazo temprano no solo afecta la trayectoria educativa, sino que profundiza las desigualdades de género, económicas y sociales. Según el informe del Fondo de Población de las Naciones Unidas (UNFPA), "una adolescente que deja la escuela por embarazo tiene menos posibilidades de regresar que una que la abandona por otras razones." En muchos casos, como el de esta historia, no se trata de falta de interés, sino de falta de apoyo, de información y de redes de contención.

Maternidad Inesperada

La primera vez que vi a mi hija en el ultrasonido, tan pequeña, tan frágil, sentí un miedo que me atravesó el cuerpo. No sabía cómo iba a cuidarla ni cómo asumiría ese rol tan inmenso, llamado ser madre. Pero en ese instante algo dentro de mí cambió. Su llegada, aunque inesperada, logró lo que yo sola no había conseguido, detener —al menos por un tiempo— el avance de mi enfermedad. Por primera vez en mucho tiempo, quise proteger algo más que a mí misma. No quería que, por mi culpa, ella naciera con complicaciones.

Con esa motivación comencé a trabajar jornadas completas. Pedí más horas, más responsabilidades, lo que fuera necesario para ahorrar lo suficiente antes de que ella naciera. Emilio se mudó a casa. Íbamos a ser padres, y en mi mente, eso significaba que había que construir algo juntos, comenzar una familia. Una familia real. Nació en mí la esperanza —ingenua, quizás, pero genuina— de un hogar completo, de esos donde el amor sostiene los días y los hijos crecen entre certezas.

Me aferré con fuerza a esa imagen. Con la fuerza de quien ha pasado demasiado tiempo con las manos vacías. Pero no pasó mucho antes de que la realidad comenzara a desarmar esa fantasía, pieza por pieza.

Yo era la única que trabajaba. Mis días se dividían entre las náuseas, los turnos pesados, los pañales y los silencios. Emilio, en cambio, salía cada mañana con la promesa de que buscaría trabajo. Volvía por las noches con las manos vacías y las palabras sueltas.

—Ya va a salir algo —decía, como quien pone un curita sobre una herida abierta—. Tú tranquila.

Pero mi tranquilidad estaba hecha trizas. Y con el paso de los días, también mi confianza.

Una tarde, supe lo que ya sospechaba, me estaba engañando. Yo, con mi panza redonda y el alma en carne viva, me sentí derrotada. No era solo la infidelidad, era el abandono, el desinterés, la crueldad silenciosa de alguien que ve tu esfuerzo y aun así no lo valora.

Lo enfrenté. Le dije que estaba cansada, que no podía más. Le recordé que vivía en la casa de mi madre, que no aportaba nada, que yo era quien sostenía todo.

—Te aprovechas de mí —le dije, con la voz temblando.

Estaba de pie, de siete meses, con el cuerpo tenso y el corazón a punto de estallar. Y entonces, sin previo aviso, me empujó.

Caí. No recuerdo el golpe. Solo el suelo frío, la estufa al lado, y el cuerpo temblando.

Mi madre, que estaba cerca, lo vio todo. No dudó un segundo. Se le fue encima, lo tomó del cuello de la camiseta y lo sacó a gritos:
—¡A mi hija no me la vuelves a tocar!

Esa noche no fui al hospital. El golpe más fuerte no fue el del cuerpo, sino el del alma. Me sentía vacía, usada, traicionada...

y también avergonzada. Porque, de alguna forma, creía que era culpa mía.

Me acurruqué como pude, lloré hasta quedarme dormida. El miedo me hizo frágil. El amor mal entendido me hizo quedarme más tiempo del necesario.

Durante semanas no supe de él. Hasta que, acercándose el parto, volvió a buscarme. Ya no vivíamos juntos, pero seguíamos hablando. Una parte de mí todavía creía que, con esfuerzo, podíamos ser una familia. No por mí. Por ella.

Porque aunque aún no había nacido, yo ya la imaginaba creciendo en una casa con dos padres, risas y abrazos. Y yo —tan rota— seguía creyendo que una hija podía curar a un hombre.

Idealicé la idea del hogar perfecto. Pero no entendía —al menos no entonces— que el amor no debería doler, ni justificarse, ni sostenerse con miedo.

La violencia familiar o de pareja no siempre empieza con golpes. Muchas veces inicia con la manipulación, el control económico o el aislamiento. Según la Organización Mundial de la Salud (OMS), una de cada tres mujeres en el mundo ha sufrido violencia física o sexual por parte de su pareja íntima, siendo el embarazo una etapa de especial vulnerabilidad (OMS, *Violence Against Women Prevalence Estimates*, 2021).

En América Latina, la Comisión Económica para América Latina y el Caribe (CEPAL) ha señalado que la violencia doméstica suele sostenerse por patrones aprendidos desde la infancia y por contextos de desigualdad estructural que perpetúan el control masculino sobre la mujer (CEPAL, *Observatorio de Igualdad de Género de América Latina y el Caribe*, 2022).

La Ley General de Acceso de las Mujeres a una Vida Libre de Violencia (México, 2007) define la violencia familiar como "todo acto abusivo de poder u omisión intencional dirigido a dominar, someter, controlar o agredir física, verbal, psicológica o sexualmente a una mujer, dentro o fuera del hogar."

En mi caso, esa definición encajaba con precisión en lo que viví. Pero en aquel momento no tenía las palabras, ni la conciencia, ni el valor para nombrarlo así. Solo sabía que algo en mí se había roto... y que el amor no debía doler tanto.

Cuando llegó el día de parto, los dolores comenzaron por la madrugada. Él estaba conmigo esa mañana, porque de vez en cuando se quedaba conmigo. Yo aceptaba una relación dependiente, porque sentía la necesidad de aparentar que éramos una familia. Y lo peor de todo era pensar que, al nacer mi bebé, todo mejoraría. Pero ese día la vida me demostraría lo contrario.

Cuando comenzaron las contracciones, mi instinto me dijo que ese día mi hija nacería. Le pedí que me llevara al hospital. Llegamos, me hicieron un chequeo y el doctor me dio dos opciones, quedarme en el hospital y caminar para acelerar el proceso del parto, o irme a casa, moverme allí, y regresar al hospital cuando los dolores aumentaran. Me dijo que el proceso podía tardar bastante. Decidí irme a casa, porque me sentía más cómoda y pensaba que podía estar más tranquila.

Cuando llegamos, él me dijo que descansara, que regresaría más tarde con algunas cosas para la bebé, como el portabebé. Mi hija solo tenía una muda de ropa, que habíamos conseguido gracias a una suscripción gratuita de una revista para embarazadas. No le habíamos comprado más ropa porque decidimos esperar a conocer su sexo una vez naciera. El poco dinero que teníamos queríamos destinarlo solo a lo estrictamente necesario. Yo había trabajado hasta los ocho meses de embarazo; mi jefe me pidió que descansara para prepararme para la llegada de mi bebé. Si no fuera por eso, habría trabajado hasta el día del parto.

No tenía nada listo en casa. Solo contaba con la ropita para el hospital. Por eso, cuando él me dijo que regresaría más tarde con cosas para nuestra hija, me ilusioné. Quise creer que finalmente estaba asumiendo su papel de padre, que se encargaría al menos de lo básico. Esa pequeña promesa me devolvió la esperanza.

Pero el tiempo empezó a pasar...

El mediodía se volvió tarde, luego dieron las dos, las tres, las cuatro de la tarde... y él no regresaba. Mientras tanto, los dolores aumentaban. Estaba en el cuarto con mi mamá, apenas podía hablar. Ella insistía, firme pero preocupada:
—Tenemos que ir al hospital.

Pero yo, casi sin aliento, le pedía esperar. Quería creer que él llegaría. Que aparecería justo a tiempo para estar conmigo y recibir a su hija. Me repetía en silencio, "Él sabe que su hija nacerá hoy, tiene que venir."

Movida por esa esperanza, bajé al primer piso y me senté en la escalera, justo frente a la ventana que daba a la calle. Desde ahí lo esperé. Cada auto que pasaba, cada sombra que se acercaba, me hacía pensar que sería él. Pero esa espera se fue transformando en una eternidad dolorosa. En una soledad que me rompía por dentro. No solo me estaba dejando sola a mí, también a nuestra hija. Y yo no quería dar a luz así, abandonada.

Mi mamá volvió a insistir, con un tono que ya no dejaba espacio para dudas:
—Si no nos vamos ahora, tu bebé va a nacer aquí mismo, en la casa.

Fue ahí cuando comprendí que no podía esperar más. Tomamos un taxi. Subimos por la parte trasera del coche. Me dolía todo. Y no hablo solo del cuerpo, me dolía el alma. El abandono se siente como una piedra en el pecho. Como si te faltara el aire. Lloré todo el camino.

Mi mamá y yo nunca fuimos muy físicas para demostrar afecto. Pero ese día, sin decir nada, recargué mi cabeza sobre su hombro. En medio de todo el caos, al menos sentí que no estaba sola. Iba a convertirme en madre, y por primera vez comencé a entenderla, a verla desde otro lugar.

Al llegar al hospital, ya estaba lista para dar a luz. Me subieron a la camilla, mi mamá se quedó en la sala de espera. Mientras la veía alejarse, comprendí que ella era mi único sostén en ese momento.

Todo sucedió muy rápido, gritos, pasos que resonaban, manos que me sujetaban. El miedo se volvió inmenso. Y como si no bastara con lo que ya estaba viviendo, las enfermeras comenzaron con comentarios crueles:
—Pues nadie te mandó a embarazarte tan niña. Para eso sí eres buena. ¿Por qué no pensaste antes? Ahora mira las consecuencias.

Todavía me cuesta entender cómo alguien puede hablar así en un momento tan vulnerable. ¿Y si mi embarazo hubiera sido producto de un abuso? ¿Cómo se le habla así a una niña? Porque eso era lo que yo era, una niña embarazada de un hombre adulto. Y aun así, la culpa me consumía.

En mi mente pasaban mil cosas. Dudaba de mí misma. Pensaba que tal vez no podría hacerlo. Solo pujaba, lloraba, me aferraba... hasta que, finalmente, mi hija comenzó a llorar. Y yo comencé a respirar con ella. Estaba cansada, agotada... pero la miraba, quería abrazarla, quería hablarle.

Sin embargo, ese momento tan esperado no se parecía en nada a lo que había imaginado. Apenas se cortó el cordón umbilical, se la llevaron para limpiarla. Me quedé sola, en silencio. Las enfermeras salieron una tras otra del cuarto. El ambiente era tenso, impersonal. Luego de los procedimientos médicos, me trasladaron a una habitación compartida con otras madres. Allí esperé a mi hija. Cada minuto sin ella se sentía eterno.

Mientras tanto, entré al baño a darme un desconcertante vistazo al espejo. No me reconocía. Mi cuerpo había cambiado por completo, estrías, senos grandes, una silueta distinta. Ya no era la niña que había sido. Sentí un vacío inmenso, como si una parte de mí se hubiese ido sin avisar.

Lo que viví en ese hospital tiene nombre en la literatura, *violencia obstétrica* o *maltrato obstétrico*. Esta se define como el trato deshumanizado, humillante o negligente que algunas mujeres reciben durante el parto y la atención de maternidad. Según la World Health Organization, se considera una violación de los derechos de la mujer al respeto, dignidad y cuidado apropiado durante el parto.

Un estudio sistemático mostró que este tipo de maltrato incluye "abuso físico, verbal, falta de consentimiento informado, no dignified care, discriminación, abandono y condiciones precarias del sistema de salud" (Díaz-Tello, 2016).

Y no es algo menor, otra investigación describe que la violencia obstétrica impacta de forma significativa la salud mental de las mujeres posparto, vinculándose con síntomas de estrés postraumático, depresión y miedo al cuidado médico.

Yo lo viví. En ese momento, no sabía que lo que me sucedía tenía un nombre o que lo que sentía tenía un por qué. Solo sabía que estaba sola, que necesitaba que alguien me escuchara, que alguien me respetara. Y en cambio, recibí reproches, silencio, negligencia.

De regreso en la cama, por fin trajeron a mi hija. Venía en una pequeña camilla, envuelta, colocada en una cunita al lado de la mía. Aún recuerdo ese instante con claridad, el ambiente seguía siendo tan frío como todos los hospitales, pero en mi pecho comenzaba a despertarse algo cálido. Me acerqué con timidez, le toqué la carita, la manita… era tan pequeñita. Me daba miedo cargarla. Temía que las enfermeras me regañaran. Así de asustada me sentía.

Fue entonces cuando una de ellas entró y, con un tono indiferente, me dijo que podía alzarla. Como si necesitara un permiso para amar a mi propia hija. La tomé entre mis brazos. Y en ese momento sentí el amor más puro y sincero que jamás había experimentado. Fue como si un ángel me hablara al oído:

> *"Ya estoy aquí. Vengo a acompañarte en tu proceso. No será fácil. Vas a crecer de maneras que no imaginas. Pero estaré contigo… hasta que estés lista."*

Y así fue.

Mientras escribía esta etapa de mi vida, algo inesperado ocurrió. Sentí la necesidad de confirmar la edad del papá de mi hija cuando ella nació. No recordaba con exactitud, así que le envié un mensaje breve. Solo un saludo. Al día siguiente respondió, y aproveché para preguntarle. Su respuesta fue clara, tenía 21 años.

Leerlo me sacudió. Aunque ya lo sabía, verlo con mis ojos de mujer adulta me confrontó. Yo tenía 14. Era una niña. Quizá nunca me había dado el tiempo de pensar en eso con verdadera conciencia. Solemos decirnos "ya pasó, fue hace muchos años", pero la vida, tarde o temprano, encuentra la manera de enseñarnos lo que no nombramos.

Le agradecí por la información y ahí quedó... o eso creí. Pero hoy, me llamó. Y me dijo algo que no esperaba:

> —*El mensaje que me enviaste hace dos días me confirmó que tengo que decirte algo. Llevaba un mes cuestionándome si hacerlo, y tu texto fue como una señal. Quiero pedirte perdón por haber truncado tu vida. Sé que yo era mayor que tú. Por muchos años te culpé por todo... pero hoy lo veo distinto. Soy responsable de la manera en que sucedieron las cosas.*

Lo escuché en silencio, con el corazón abierto. Le respondí con honestidad:

> —*Aquí no hay nada que perdonar. Solo queda agradecer que hayas sido parte de mi historia.*

Me conmovió profundamente. Este libro, este viaje, está fluyendo con una magia que nunca imaginé. Estoy convencida de que mi historia es mi medicina. Que cada persona que llegó a mi vida formó parte de un propósito, incluso quienes conocí para concebir a mis hijas. La vida nos entrelaza con otros para crear, y por eso agradezco incluso los encuentros que dolieron. Porque dejaron vida.

Sin Fronteras

Volviendo al nacimiento de mi bebé, me dieron de alta esa misma noche. Al salir de la sala de partos, mi mamá me esperaba exactamente en el mismo lugar donde me había dejado. Cada vez que lo recuerdo, me imagino la escena con el corazón apretado, una madre viendo salir a su hija de 15 años... con una recién nacida en brazos.

En cuanto la miró y la cargó, comenzó a decirle cosas muy hermosas. Y justo en ese momento apareció el papá de la niña, como si nada hubiera pasado. Pero yo ya no tenía energía para reclamar, ni siquiera para hablar. Estaba agotada. Decepcionada. Solo me importaba una cosa, mi hija.

Y fue ahí cuando todo cambió. Algo dentro de mí se activó con fuerza, mi instinto de madre. En ese instante, todas las peleas, las ausencias y los enojos pasaron a segundo plano. No tenía tiempo ni espacio para más decepciones. Solo quería cuidarla, protegerla, ser suficiente para ella. Mi foco se volvió claro, su bienestar.

Pocos días después, ya estaba de vuelta en el trabajo. Porque los pañales, la leche y todo lo que un bebé necesita no se consiguen con amor solamente. Afortunadamente, mi papá me ayudó mandándome dinero para comprar lo más básico al día siguiente del parto. Pero el resto... dependía de mí.

En ese entonces, ganaba apenas 150 pesos a la semana. Y eso no alcanzaba para casi nada. Cada día era una cuenta regresiva, un esfuerzo constante por cubrir lo indispensable. Fue entonces cuando, después de varios meses sin hablarme, mi papá me llamó por teléfono. Su propuesta fue directa, casi inesperada, irme con él a Estados Unidos, a California.

No lo dudé ni un segundo.

Mi hija tenía apenas un mes de nacida cuando emprendimos el viaje. Y en mi mente solo había una idea fija, ella merecía una vida mejor. No sabía exactamente cómo la construiríamos, pero sí sabía que todo debía cambiar a partir de ese momento.

Aquel viaje no fue solo un cambio geográfico; fue una decisión cargada de coraje, de dolor, de convicción. Quería demostrar —a él, al mundo, a mí misma— que podía. Que no necesitaba al papá de mi hija. Que iba a hacer lo que él no hizo. Ese enojo se convirtió en fuerza. Me quitó el miedo y me llenó de valor. Estaba dispuesta a dejar todo atrás con tal de no quedarme atrapada en lo mismo.

Pero no era cualquier travesía. Era la segunda vez que viajaba sola. Esta vez, con una hija en brazos... y con el corazón dividido. Iba camino a reencontrarme con mi papá, a quien no veía desde hacía cinco años.

En el trayecto me acompañó la esposa de un conocido de mi papá. Pero iba más perdida que yo, temblorosa, nerviosa, llena de miedo. Era como si yo la guiara. Como si, además de cuidar de mí misma y de mi hija —aunque fuera a la distancia—, también tuviera que cuidar de ella.

Mientras tanto, lo único que me sostenía era ese anhelo profundo de cambio. De avanzar. De tener un futuro. Quería, al menos, ganar lo suficiente para comprar pañales... y no volver nunca más al pasado.

Pero al llegar a la frontera, me enfrenté al momento más difícil del camino, tuve que entregar a mi hija a las personas que la cruzarían por otro lado. En ese instante, todo dentro de mí se quebró.

¿Y si no la volvía a ver? ¿Y si algo salía mal?

Pasaron las horas. Yo solo pensaba en ella. La angustia me consumía al no tener noticias.

Al día siguiente, nos tocó cruzar a pie. Éramos un grupo numeroso. Caminábamos rápido, sin hablar. Llegamos al río, inflaron una balsa y subimos varias personas. Luego vino un túnel. Por suerte, no estaba lleno de agua; si lo hubiera estado, habría sido más peligroso por la corriente que solía arrastrar con fuerza.

Después, caminamos por canales con el agua hasta la cintura. Cada paso dolía. Cada metro pesaba. Pero yo seguía... seguía por ella.

Nunca dejé de orar.

Poco después, una camioneta llegó por nosotras. Nos llevaron a una casa llena de gente. Yo estaba empapada, tiritando. Nos acomodaron en el suelo, sin cobijas. Esa noche no dormí. Solo pensaba en mi hija.

Al día siguiente, nos dieron ropa seca, un plato de comida y la oportunidad de bañarnos. Yo solo quería una cosa, saber de mi hija. Pedí hablar con alguien. Supliqué que me enviaran pronto a Los Ángeles. Me dijeron que ella ya estaba con mi papá y que harían lo posible por reunirnos pronto. No sabía si era verdad, pero esa pequeña esperanza me sostuvo.

Finalmente, nos trasladaron a un estacionamiento. Allí, al fondo, lo vi, después de mucho tiempo sin verlo, ahí estaba mi papá. Me lancé a abrazarlo. Me aferré con todo el cuerpo, con toda el alma. Me alegraba volver a verlo… pero aún más saber que ella estaba ahí.

Caminamos hacia el coche. Me asomé por la ventana… y ahí estaba, mi hija.

Sus ojos enormes me miraban con una sonrisa. En ese momento supe que todo había valido la pena. Me sentí segura. Tranquila. Feliz. Completa. Algo en mí se iluminó. Sentí que empezábamos de nuevo. Que esa era nuestra nueva vida.

Durante ese tiempo, logré mantenerme limpia. Sentía el cambio. Lo notaba en mí.

Aunque también me dolía estar lejos de mi mamá, quien me había ayudado tanto con la niña. Esa etapa fue profundamente frustrante. No sabía ni siquiera cómo bañar bien a mi bebé. Me aterraba que se me cayera. Que se ahogara. No tenía idea de nada.

Era una niña cuidando a otra niña. Crecimos juntas. A mis 15 años, me encontraba en un país extraño, siendo madre de una bebé recién nacida. No salía, no trabajaba. Pasaba mis días entre la casa de mi papá y la de mi tío. No me quedaba permanentemente con mi papá porque en su casa vivían varios hombres, y yo necesitaba más privacidad. En cambio, con mi tío me sentía un poco más resguardada.

Aun con todas las limitaciones, sentía que estábamos rodeadas de bendiciones. Nunca nos faltaron pañales, y aunque toda la ropita era donada, para mí cada prenda era un regalo. Ver crecer a mi hija, tan rápido, con esas pequeñas prendas que llegaban como caídas del cielo, era algo que me conmovía profundamente. Yo aún no conseguía trabajo, y volver a estudiar ya no era una opción realista. La vida era monótona, lenta, repetitiva... Y aunque muchas veces me ganaba la frustración, intentaba seguir adelante.

Hasta que un día, sonó el teléfono en casa de mi tío. Cuando contesté, no podía creer lo que escuchaba, del otro lado de la línea estaba Víctor.

Mi familia ya me había advertido que él vivía en la misma ciudad, y que bajo ninguna circunstancia querían que yo retomara contacto con él. Él, por su parte, sabía que yo tenía una hija, y también que estaba muy vigilada. Aun así, me llamó. No me pidió que nos viéramos; sabía que yo no podía salir sola. Siempre estaba acompañada, con mi papá, con mi tío o con alguien más. Aun así, de vez en cuando, me llamaba solo para saber de mí.

Con el tiempo, mi tío notó que hablaba con alguien. Un día me preguntó directamente con quién estaba hablando. Le dije que era una llamada a México, pero él devolvió la llamada... y descubrió que era Víctor. Poco después, mi papá me regañó fuertemente, y así, sin más, cortamos la comunicación durante casi un año.

Me gustaría decir que cortar el contacto me salvó de meterme en problemas, pero no fue así. Cuando pasaba tiempo en casa de mi papá, había un hombre de unos treinta años que también vivía allí. En ese momento yo estaba tan falta de validación que cualquier gesto amable me hacía sentir vista. Me conquistaba con pequeños detalles, como un gansito o una sonrisa, y yo confundía eso con cariño. En el fondo, lo que buscaba era llenar ese vacío paternal que llevaba dentro.

Así me ganó, poco a poco. Pero todo terminó en un gran drama, mi papá se enteró, el hombre era casado y tenía esposa en México, y cuando ella supo lo que había pasado, el conflicto se volvió aún más grande. Yo era solo una adolescente, atrapada en algo que no comprendía del todo.

Hoy, al mirar atrás, entiendo que este tipo de situaciones no eran simples coincidencias. Desde muy joven, mis relaciones se dieron casi siempre con personas mucho mayores que yo. No era casualidad, sin saberlo, estaba repitiendo un patrón emocional muy profundo.

Hoy en día, ya no busco en una pareja alguien que llene ese hueco que dejó la ausencia de mi padre; esa parte la he trabajado con el tiempo. Porque cuando has sufrido abusos a una edad temprana, lo que buscas en realidad no es amor, sino seguridad. Y muchas veces, la obtienes... pero a un precio muy alto.

A esa edad no lo ves. Eres tan joven que no puedes dimensionar lo que realmente significa. Los niños de tu edad no piensan en esas cosas, y por eso terminas acercándote a quienes parecen más maduros, creyendo que sabrán cuidarte, cuando en realidad están repitiendo la herida.

Esto no lo entendí hasta muchos años después, cuando supe que mi historia no era aislada. Diversos estudios señalan que el abuso sexual durante la infancia o la adolescencia puede provocar que las víctimas busquen relaciones afectivas marcadas por la dependencia emocional, el miedo al abandono o el desequilibrio de poder.

Por ejemplo, una investigación publicada en la Revista Chilena de Pediatría explica que *"las experiencias de abuso sexual infantil están fuertemente asociadas con patrones de relación disfuncionales en la adultez, caracterizados por la búsqueda de validación, la dificultad para poner límites y una tendencia a involucrarse con personas significativamente mayores o controladoras"* (Scielo Chile, 2021).

Asimismo, un metaanálisis en la Gaceta Sanitaria encontró que *"las mujeres que sufrieron abuso sexual en la infancia presentan con mayor frecuencia disfunciones sexuales, menor satisfacción íntima y mayores dificultades para establecer relaciones basadas en la confianza y la igualdad"* (Gaceta Sanitaria, 2017).

Y otro estudio del National Child Traumatic Stress Network (NCTSN) subraya que *"los sobrevivientes de abuso infantil tienden a desarrollar patrones de apego inseguros, que los llevan a buscar figuras protectoras o dominantes como una forma inconsciente de compensar la falta de seguridad temprana"* (NCTSN, 2012).

Yo, sin saberlo, estaba viviendo exactamente eso. No buscaba amor, buscaba un refugio.

Pero ahora sé que ninguna herida se cura buscando a otro que la tape. Se sana cuando uno se atreve a mirarla, a entenderla y a dejar de repetirla.

Caída Libre al Vacío

A los ocho meses de haber emigrado, y después de haber sobrevivido al zafarrancho con el hombre casado, lo único que deseaba era salir adelante. Pero las oportunidades nunca se me presentaban fácilmente. Todo costaba el doble, o el triple.

Sin embargo, tengo que decirlo, aunque mis padres no lo expresaban con palabras, fueron un gran soporte en la crianza de mi hija. No me dejaron sola. A veces me dolía que no pudieran decirlo con claridad, pero sus acciones hablaban mucho más fuerte que cualquier discurso.

Aun así, ser madre tan joven fue… extremadamente difícil.

Recuerdo una vez que fui a pedir trabajo en el campo. Me presenté con toda la ilusión del mundo, pero el encargado me miró de arriba abajo con desconfianza y me preguntó la edad.

—Tengo 18 años —le respondí.

Se rió, incrédulo.

—Tú no tienes esa edad. No puedes trabajar aquí.

Volví a casa con un nudo en la garganta, avergonzada y frustrada. Me preguntaba cómo iba a hacer para mantener a mi hija. Me urgía trabajar. No quería que todo recayera sobre mi papá. Sabía que ya había hecho mucho por nosotras al traernos a USA.

Esa misma tarde llegó mi hermana mayor, Nelly. Me miró con determinación y me soltó, sin rodeos:
—Prepárate. Mañana te vas a presentar a trabajar.

Nunca supe exactamente qué hizo para que me dieran la oportunidad, pero funcionó. Al día siguiente comencé a trabajar en la cosecha de uvas. Fue mi primer empleo formal.

Por suerte, mi hija calificó para entrar a una guardería. Pero eso también implicaba un gran reto, tenía que dejarla a las 8:00 a.m., y mi jornada empezaba a las 6:00. Ahí fue cuando mi papá me ayudó más que nunca. Él la cuidaba hasta que podía llevarla. Fue un apoyo silencioso, pero vital.

A los 16 años me independicé de él, convencida de que ya podía sostenerme sola. Con el tiempo, volví a tener contacto con Víctor. Para entonces, yo ya tenía celular, y reconectar con él fue casi inevitable. Mi papá estaba ocupado planeando regresar a México, lo que facilitó que Víctor y yo empezáramos a salir nuevamente.

Él conocía mi historia, sabía de mis heridas, de mis errores. Y yo pensaba, *Me quiere así, con todo y mi pasado, incluso sabiendo que tengo una hija y que estuve involucrada con un hombre casado.* Hasta su familia, allá en México, se enteró y le decía que no debía andar conmigo. Pero aun así, él volvió.

Más que amor, creo que lo que nos unía era la codependencia. Ya podíamos estar juntos sin escondernos. Me visitaba con frecuencia, y poco a poco se volvió parte de mi rutina. Pero esa misma cercanía fue también el principio de nuevos tropiezos.

Un día salimos juntos a un lugar lejos, y justo ese día me llamaron del trabajo. En la pizca, a veces te llamaban de un momento a otro y tenías que estar lista. No fui. No me presenté. Y perdí el empleo. Me despidieron por no haber cumplido con mi turno.

Así fue como una vez más, lo que parecía un nuevo comienzo terminó afectando mi intento por salir adelante.

Como yo sentía que me habían corrido por su culpa, se me ocurrió pedirle ayuda. Le dije que no podía sostenerme sin trabajar, que necesitaba apoyo. Así fue como acordamos comenzar a vivir juntos.

Sin embargo, un mes antes de juntarme con él, yo había tomado una decisión muy difícil, decidí enviar a Johanny a México. Sentía que me era imposible cuidarla como merecía. Trabajaba de 10 a 12 horas diarias en el campo, y pagar a una niñera se salía completamente de mi presupuesto. Pensaba que, si trabajaba duro durante un par de años sin el gasto del cuidado infantil, podría ahorrar más rápido y salir adelante. Creí, con el corazón dividido, que sería mejor para ambas.

Mi lógica era simple, aunque dolorosa, en México, Johanny estaría con mi mamá y también con su papá. Estaría acompañada, cuidada, atendida. Pero apenas tomé la decisión... me arrepentí. Y me arrepentí con todo el cuerpo. Era una elección que no podía deshacer. Cuando mi papá regresó a México, se la llevó con él. Y yo, me quedé vacía. La culpa se volvió insoportable. Lloraba todos los días. Me sentía una mala madre. No podía justificar la distancia ni convencerme de que era por su bien. La extrañaba con un dolor que no sabía dónde poner.

Pasaron apenas un par de meses y ya no aguantaba más. Le pedí a mi papá que, por favor, me la trajera de regreso. Le dije que no podía vivir sin ella, que la necesitaba a mi lado. Él, sin dudarlo, accedió. Pero el regreso no fue fácil. Fue, en realidad, una travesía arriesgada, casi mortal.

Cruzaron por el desierto de Mexicali, con un grupo guiado por un coyote. Johanny apenas tenía un año. La llevaban en una cangurera colgada al pecho de mi papá. Durante la noche, el frío era insoportable, y la oscuridad la hacía llorar sin parar. En algún punto del camino, el coyote los abandonó. Mi papá quedó perdido junto a su esposa Magnolia y otro hombre que tampoco podía seguir caminando.

Caminaron durante horas sin rumbo, buscando un milagro. Llevaban apenas un poco de agua, reservada para preparar la leche de Johanny. A pesar del cansancio y del dolor en la espalda, mi papá siguió avanzando con mi hija en brazos, cargando no solo su peso, sino también la responsabilidad de proteger a todos los que iban con él.

El otro hombre, deshidratado, ya no podía más. Mi papá compartió con él la poca agua que quedaba, y siguieron caminando hasta que, de pronto, en medio de la nada, encontraron una pequeña aldea de nativos. Se acercaron. Una mujer los recibió. Al ver a Johanny llorando, su rostro se llenó de preocupación y compasión. Les ofreció agua, comida caliente, un lugar donde descansar. No los entregó a migración. Incluso los llevó a un hotel cercano, donde pudieron resguardarse.

Fueron días de angustia. Durante ese tiempo, yo no sabía nada de ellos. En medio del silencio, recibí una llamada de extorsión. Me dijeron que los tenían y que debía mandar dinero. Mi corazón se paralizó. Pero no cedí. Les dije que no enviaría nada hasta que hablara directamente con mi papá. Fue entonces cuando, por fin, recibí su llamada. Estaban a salvo. Me dijo que llegarían en un par de días. Sentí un alivio tan profundo que rompí en llanto.

En ese momento hice otra promesa, no volver a separarme de mi hija. Sin importar lo que pasara, sin importar la situación económica. Juré que donde yo estuviera, ella estaría también.

Promesa que, terminé rompiendo una vez más años más tarde.

Por otro lado, mi relación con Víctor comenzaba a presentar anomalías. Ya con la convivencia diaria, comencé a ver cosas que antes no notaba. Descubrí que su tono apacible, esa calma aparente que tanto lo caracterizaba, era en realidad su herramienta más eficaz de manipulación. No necesitaba levantar la voz para ejercer poder. Usaba el silencio como castigo, las miradas como amenaza, los gestos pasivo-agresivos como forma de control. Era un manipulador emocional silencioso, con rasgos profundamente narcisistas y una necesidad constante de mantener una imagen idealizada de sí mismo.

En público, era el hombre equilibrado. El padre comprometido. El compañero paciente.

En privado, era otro. Controlador. Abusivo. Emocionalmente violento. Sus palabras, aunque dichas con voz suave, eran tan hirientes como un golpe. No necesitaba gritar para hacer daño, sabía exactamente dónde apretar.

Creció en un hogar donde la violencia era parte del paisaje. Admiraba a su padre, un hombre alcohólico y agresivo. Su madre, en cambio, era callada y sumisa. Desde muy joven,

Víctor empezó a beber. Creció creyendo que el enojo era parte de su identidad, y aprendió que el silencio y la frialdad podían ser más devastadores que los gritos.

A pesar de todas sus carencias afectivas, cargaba con una necesidad desesperada de ser admirado. Fingía una estabilidad económica que no tenía. Presumía logros que nunca había alcanzado. Su mayor miedo era ser desenmascarado, que su fachada de *buen hombre* se derrumbara. Le aterraban la cárcel, el juicio social, y la vergüenza pública.

Vivía con un enojo contenido, permanente. Necesitaba sentirse superior, aunque por dentro estuviera lleno de vacíos. Su abuso emocional no era impulsivo, sino calculado. Lentamente, con precisión, buscaba anularme desde lo psicológico.

Conmigo, eso se tradujo en una relación asfixiante, donde el miedo, la dependencia y la culpa se disfrazaban de amor. Me fui acostumbrando a sus formas de violencia invisible, creyendo —como muchas otras mujeres— que el maltrato solo se veía cuando dejaba marcas físicas. Pero las heridas más profundas no siempre se ven.

Un símbolo que siempre me llamó la atención en él eran las calaveras. Las llevaba en la ropa, en pulseras, en gorras. Era como si fueran una parte de su identidad. Para mí, representaban su mundo interior, una estructura endurecida, vacía, marcada por la muerte emocional, el dolor no expresado y la negación total de su fragilidad.

Estuvimos juntos ocho años. Durante todo ese tiempo, me aferré a una ilusión, que esta vez, sí podríamos construir una familia. Pero pronto aprendí que cuando dos personas están rotas, es muy difícil edificar algo sano. Repetimos lo que conocemos. Lo que creemos que es amor.

Nuestra relación fue tóxica desde el inicio. Hubo de todo, gritos que retumbaban, discusiones que sangraban, silencios infinitos. Ambos teníamos problemas con el alcohol. Por momentos intentábamos salir adelante; incluso llegamos a buscar ayuda en una iglesia cristiana. Pero ni el esfuerzo bastaba.

Entonces entendí que lo que vivíamos no era sólo problemas de pareja. Era violencia doméstica. Y esa realidad se manifiesta de muchas formas.

La violencia doméstica puede incluir abuso emocional, psicológico, físico, sexual, financiero o digital, y no siempre se reduce a un solo episodio — textos especializados lo describen como "un patrón de conducta coercitiva y controladora contra la pareja o un miembro del hogar." (CCADV+2North Suburban Legal Aid Clinic+2)

Así que, bajo esa definición, lo que estaba viviendo tenía nombre:

- **Violencia psicológica o emocional:** las humillaciones, los silencios que eran castigo, el menoscabo continuo de mi autoestima. "Incluye insultos, humillación, intimidación, control y aislamiento." (Unobravo+1)

- **Violencia física:** no siempre estallaba en golpes visibles; muchas veces fueron solo empujones, pero hubo ocasiones en que sucedió, revelando todo un entramado de dominación y miedo.

- **Violencia económica:** aunque yo trabajaba, hubo momentos, como en la temporada de invierno, en los que no lo hacía. El control también consiste en ejercer poder al dejar al otro sin medios.

- **Violencia sexual o de género:** cuando el respeto, el consentimiento y la igualdad desaparecen ante la vulnerabilidad.

Lo que vivíamos era una combinación de esas formas de violencia, entretejidas como hilos invisibles que herían el alma.

Durante esos ocho años vi cómo el ideal de *familia* se desmoronaba ante mis ojos. Me decía a mí misma que por mí, por mi hija, tenía que aguantar, que *así era el amor*, que el sufrimiento tenía sentido. Pero cada día se hacía más claro que el amor no debía doler así. En ese reconocimiento empezó algo nuevo. Comenzó a surgir la conciencia de que no era yo la culpable. Que mi sufrimiento no era normal. Que quería algo distinto. Que merecía algo distinto.

Fue entonces cuando tomé una decisión difícil, pero necesaria, internarme por segunda vez en un centro de rehabilitación. Esta vez no fui sola. Llevé conmigo a mi hija, que entonces apenas tenía dos años. Allí, en el centro, le asignaron a mi hija una cuidadora mientras yo recibía tratamiento. Fue otro intento de salvarme. De reconstruirme desde los pedazos.

Tres meses después de haber ingresado, algo dentro de mí cambió. Por primera vez en mucho tiempo, sentí el profundo deseo de terminar algo. No quería dejarlo a medias. Esta vez no me escapé, no huí. Me quedé.

Siempre había sentido esa necesidad latente de dejar de beber. Creía que, si lo lograba, todo mejoraría. Que la paz llegaría. Que al fin podría respirar sin culpa, sin miedo, sin esa angustia constante. Pero había algo dentro de mí —profundo, invisible— que me impedía avanzar, un vacío que dolía en silencio, una herida que no sabía cómo sanar. Cuando bebía, ese vacío parecía esfumarse. El alcohol lo adormecía todo, el dolor, la rabia, la tristeza, la confusión. La vida se volvía más liviana... pero a un precio muy alto, perderme a mí misma.

Frecuentemente entraba en lagunas mentales, no recordaba lo que había hecho, y muchas veces incluso olvidaba a mi hija. Las discusiones con Víctor se volvían inevitables. Y aunque me dolía repetir ese ciclo, no lograba detenerlo.

Después de terminar ese segundo proceso de desintoxicación, fue Víctor quien fue a recogerme. Intentamos empezar de nuevo. Asistimos juntos a algunas sesiones de terapia grupal, y ambos reconocimos que teníamos un problema serio con la manera en que bebíamos.

Durante el primer mes, todo pareció mejorar. Fue como revivir el romance, como si aquella oscuridad hubiese quedado atrás. Pero pronto entendí que dejar de beber no es solo una cuestión de fuerza de voluntad. Para mí, dejar la botella fue como cerrarla temporalmente... solo para regresar después con la falsa seguridad de que esta vez, sí podría controlarla.

Una noche, en medio de una discusión, recaí. Volví a beber. Me invadió la rabia, la tristeza, la impotencia. Nada era suficiente. Hoy entiendo que estaba sumida en una depresión desde muy joven, pero en ese entonces no sabía cómo nombrarla. Nadie me había enseñado a gestionar mis emociones. Solo había aprendido a sobrevivir.

Y para sobrevivir, no hay espacio para sentir. Como tampoco lo hubo para crecer. Todo en mi vida sucedía con prisa, sin tiempo para comprender, sin espacio para procesar. Crecí de golpe. Arrastraba tantas emociones reprimidas que ni siquiera sabía cómo expresarlas. Ponerle palabras a lo que sentía era casi imposible. Así que, cuando recaí, lo que realmente buscaba era apagar ese fuego interno, esa ira acumulada que ardía sin tregua. El alcohol lo conseguía. Al menos, mientras duraba el efecto.

Catarsis de una Reyna

A pesar de todo, continuaba asistiendo a mi grupo de apoyo. Ya podía reconocer que tenía una enfermedad mental que requería tratamiento de por vida. Pero cuanto más escuchaba, más me mostraban mis traumas, más me hablaban del dolor emocional... más quería huir. Era como si quisieran coserme una herida abierta sin anestesia. Así lo sentía.

La verdad es que no quería dejar de vivir como vivía, ya que ese caos era lo único que conocía. Cuando había silencio, tranquilidad... me sentía incómoda. Extraña. No estaba lista para el cambio. Necesitaba tocar un fondo más profundo. Muchas veces me decían:
—Puedes ahorrarte años de sufrimiento si te quedas y trabajas en ti.

Pero no escuché e hice lo que sabía hacer, hui. Creía que aún podía controlar mi forma de beber. Me decía, "Al menos no estoy usando drogas más duras." Ya había probado inhalantes y marihuana anteriormente, pero pensaba que solo tomar alcohol *de vez en cuando* no era tan malo.

Por otra parte, la recesión económica del 2008 nos golpeó fuerte. Víctor, que trabajaba en la construcción, se quedó sin empleo, y yo me preocupaba por lo que eso significaba para nosotros. Yo sentía que podía ayudar si también trabajaba. Pero a él no le gustaba la idea. Desde que comenzamos a vivir juntos, se asumió como el proveedor, y aunque éramos muy jóvenes, la diferencia de edad pesaba. De nuevo me encontraba en una relación con alguien mayor que yo.

Con el tiempo, la tensión en casa fue creciendo, y lamentablemente, tampoco faltó la violencia. Un día me abofeteó durante una discusión. Él solía llegar tarde, sin dar explicaciones claras. Eso me despertaba viejos fantasmas de relaciones anteriores, donde ya había vivido el abandono y la evasión. Esa noche, le reclamé con insistencia. Estábamos en la cama, que estaba pegada a una gran ventana sin cabecera. Las luces estaban apagadas y la única claridad provenía del tenue resplandor que entraba por la cortina semitransparente. Recuerdo que la discusión se intensificó hasta que, de repente, sentí el golpe.

El impacto fue seco, y directo. Me zumbó el oído y por un instante, todo pareció ir en cámara lenta. Veía su silueta recortada contra la luz tenue de la ventana, mientras el mundo a mi alrededor se difuminaba. Me bajé de la cama, aturdida, y salí del cuarto. Me fui a llorar fuera de nuestro pequeño estudio donde nadie me escuchara. Estaba en shock. No podía creer lo que había pasado. Lo sabía desde el fondo de mí, no quería esa vida. No quería ser esa mujer. Pero al mismo tiempo, el miedo me paralizaba. Miedo de no poder sola. Miedo de no tener adónde ir.

No sé cuánto tiempo pasó. Solo recuerdo que, después de calmarme un poco, regresé al cuarto. Y, sin saber cómo, terminé pidiéndole perdón. Le dije que no debí haberlo cuestionado, que tal vez había exagerado. Que era mi culpa por no quedarme callada. Él no dijo nada. Solo me abrazó. Y nos fuimos a dormir.

Al día siguiente, me miré al espejo y vi mi ojo morado. Sentí una mezcla de humillación y silencio. Era como si mi voz se hubiera extinguido junto con mi dignidad.

Con el corazón encogido, llamé a mi papá. Le conté lo que había pasado la noche anterior, le dije que ya no quería seguir viviendo con Víctor y le pedí ayuda.

Su respuesta fue un golpe distinto, más sutil, pero igual de doloroso:
—Hija, espérate a que empieces a trabajar. Cuando tengas un empleo estable, entonces lo dejas.

Le agradecí, con la voz temblorosa, y colgué. Me quedé un rato en el baño, frente al espejo, observando mi reflejo. Mi cara estaba hinchada, los ojos rojos, y las lágrimas no paraban. Lloraba de impotencia. De rabia. De miedo.

Decidí buscar ayuda por mí misma y llamé a un albergue para víctimas de violencia doméstica. La persona al otro lado del teléfono fue muy amable. Me explicó que podía quedarme ahí por un tiempo, que me ayudarían a iniciar una denuncia y tramitar una orden de restricción.

Colgué la llamada... y no me atreví a irme.

No tenía trabajo. No tenía dinero. No tenía un plan.

Y, sobre todo, no tenía fuerzas.

Sentía que algo dentro de mí se había roto para siempre. Ya no era esa niña valiente que había cruzado la frontera con su hija en brazos buscando una vida mejor. Ya no era la mujer que había sobrevivido al abandono y a la violencia emocional con la esperanza de empezar de nuevo.

Me sentía atada, sometida, y sobre todo silenciada. Aquel golpe, y el hecho de haber pedido perdón después, me dejó marcada de una forma que va más allá del dolor físico. Fue un antes y un después. Esa bofetada no solo me lastimó la piel, me arrebató, por un tiempo, la sensación de libertad.

No me fui. Simplemente no fui capaz.

Me levanté al día siguiente, cubrí el moretón como pude y seguimos como si nada hubiera pasado. Nadie mencionó el tema. Yo tampoco. Hice lo que siempre había aprendido a hacer, minimizarlo, restarle importancia, convencerme de que si no lo nombraba, tal vez desaparecería.

En el fondo, seguía creyendo que quizás era mi culpa. Que yo lo había provocado. Ese pensamiento, tan peligroso y tan arraigado, me perseguía como una sombra. Fue entonces cuando recaí. Las situaciones difíciles siempre terminaban dominando mis emociones porque no sabía cómo procesarlas. No tenía herramientas. No tenía guía. Solo sabía sobrevivir, como lo había hecho desde niña.

Si quería hacer algo nuevo —trabajar, estudiar inglés o simplemente salir— tenía que pedirle permiso. Y su respuesta era siempre la misma, No. Yo intentaba justificarlo. Pensaba, *Bueno, es mi pareja... quizás tiene razones importantes para que no trabaje.* Tenía profundamente arraigada la idea de que, por ser su mujer, debía servirle, adaptarme, y ceder.

Sentía que debía hacer algo, que tenía que aportar de alguna manera. Quería ayudar, pero también quería tener un poco de independencia, sentir que podía crecer, que podía ofrecerle algo mejor a mi hija.

Le insistí muchas veces para que me dejara trabajar. Al final aceptó, con la condición de que fuera en el campo, donde al menos me pagarían un poco más. Así que los roles comenzaron a invertirse, yo me convertí en quien traía dinero a la casa. Yo lo veía como un acto de amor, de compromiso. Estaba haciendo lo que creía correcto, apoyarlo en las buenas y en las malas, como me habían enseñado.

Incluso comencé a ir a clases de inglés dos veces por semana después del trabajo. Era un acto pequeño, pero para mí era enorme. Era una forma de recordarme que aún existía algo más allá del caos.

Pero aun así, a veces, al estacionar el coche frente a la casa, simplemente me quedaba ahí. Sentada. En silencio. Sin querer entrar. Era como si ese espacio —mi carro— fuera el único lugar donde podía ser yo misma. Donde no tenía que fingir, ni aguantar, ni sobrevivir... solo existía. Un espacio suspendido, una tregua en medio de la tormenta.

A él no le gustaba mi recién encontrada libertad. Ni siquiera lo disimulaba, hacía comentarios como, "Te sientes mucho ahora que trabajas", o "ya no eres la misma." Siempre terminábamos discutiendo. Era evidente que no le gustaba verme avanzar. De alguna forma, sentía que estaba perdiendo el control que tenía sobre mí.

La violencia no desapareció, solo cambió de forma. Ya no dejaba marcas visibles. Era más silenciosa, más calculada. Me doblaba las muñecas con fuerza hasta que yo cedía. En una ocasión, me torció el tobillo con tal violencia que tronó. Dolía tanto, que pensé que se había fracturado.

Como siempre, al instante mostró arrepentimiento, sus disculpas, sus promesas. Y yo, otra vez, intentando caminar normal para que nadie sospechara. Duré una semana cojeando. Tuve que ir al médico, y cuando me preguntaron cómo me había lesionado, mentí. Dije que me había torcido el pie al bajar un escalón. Qué irónico, en la consulta te preguntan si sufres violencia o si tu salud mental está bien, y una responde *todo bien*, con una sonrisa rota, cargando el silencio.

Aunque ya trabajaba, no me sentía capaz de dejar esa relación. Algo me detenía. Pensaba que lo quería. Pensaba que, al haber aceptado a mi hija, él ya había hecho más de lo que mi primera pareja hizo. Para mí, eso ya era una ganancia. Imagino que mi autoestima estaba tan golpeada, que creía que eso era suficiente. Él me repetía frases como, "Sin mí no vas a poder", "nadie te va a querer como yo te quiero a ti y a la niña." Eso se volvió parte de mi día a día. Y yo… terminé por creerlo.

Hasta que un día, sin darme cuenta, me acostumbré a vivir así. Como si esa forma de vida fuera normal. Como si mereciera cada palabra, cada gesto, cada herida invisible. Me volví experta en justificarlo todo, su comportamiento, su enojo, y hasta sus silencios. Me convencía de que lo hacía porque le importaba. Que tal vez yo necesitaba cambiar, ser más paciente, hablar menos, y evitar ciertos temas.

Eso se volvió el pan de cada día, hasta que, sin darme cuenta, me acostumbré. Desde aquella primera bofetada, mi voz fue perdiendo valor. Mis límites se desdibujaron. Comencé a callar para evitar conflictos, aunque por dentro me sintiera humillada, culpable... disfrazando todo eso de *amor de pareja*, solo para ser aceptada de alguna manera.

Hoy entiendo muchas cosas. Entiendo, por ejemplo, por qué recaía. Había detonadores que no sabía cómo esquivar. Sin el grupo de apoyo al que ya no asistía, me quedé sin herramientas. Mi única salida eran las sustancias, lo más fácil, lo más rápido. Cuando volvía a ese estado de fuga, me sentía fuerte, invencible, como si me pusiera una armadura. Por increíble que suene, en esos momentos tenía una personalidad distinta, una seguridad prestada que me hacía capaz de desaparecer por días.

Pero cuando el efecto pasaba, volvía a ser vulnerable.

Muchas víctimas de violencia doméstica experimentan un fenómeno conocido como *parálisis emocional o bloqueo psicológico*. Esta reacción ocurre como respuesta al miedo constante, la culpa internalizada y la dependencia emocional o económica del agresor. Según el modelo del ciclo de la violencia propuesto por Lenore Walker (1979), este patrón se repite en tres fases, *la acumulación de tensión, el episodio violento y la luna de miel*, en la que el agresor muestra arrepentimiento o afecto. Esta dinámica confunde a la víctima y dificulta la toma de decisiones, generando sentimientos de culpa, vergüenza y una falsa esperanza de cambio.

Estudios como el de la Comisión Nacional para Prevenir y Erradicar la Violencia contra las Mujeres (CONAVIM, México, 2017) señalan que muchas mujeres permanecen en relaciones abusivas no por falta de voluntad, sino por la ausencia de redes de apoyo, recursos económicos, o porque han normalizado la violencia desde la infancia.

Es que en realidad crecimos con la idea de obedecer al marido, no contradecirlo, y servirle. Que él siempre sabría lo que es mejor. Que una mujer callada es una mujer que vale. Y aunque algo en mí se resistía, lo suficiente como para cuestionarlo, no era aún capaz de romper con esas creencias. No quería ser señalada, no quería *fallar*.

La violencia y la presión diaria se habían vuelto una carga tan insoportable que terminé hundida en un año entero de consumo constante de alcohol. Pero llegó un momento en que ni siquiera la bebida podía amortiguar mis vacíos. Ya no bastaba para adormecer el dolor, la culpa, y la soledad. Fue entonces cuando crucé una línea que cambiaría mi vida, probé la sustancia que me conduciría a la locura y, finalmente, a mi fondo.

Apenas tenía 19 años. Aún trabajaba en el campo, intentando sostenernos como podía, sobreviviendo más que viviendo. Fue ahí donde conocí a Óscar, *mi conecta* —como se le llama a quien vende droga—, el hombre que sin saberlo me acompañaría directo a mi derrumbe.

Trabajábamos en la misma área y, con el tiempo, comenzamos a conversar. Nuestras historias se entrelazaban en la rutina del día, creando una familiaridad extraña, una complicidad silenciosa. En ese espacio compartido, donde la vida dolía menos si se decía en voz alta, nació una especie de amistad.

Y fue entre esas pláticas donde surgió el tema de las drogas. Me gustaría decir que él me manipuló o me empujó... pero no sería honesto. La verdad es que yo ya venía buscando una salida. Una manera más potente de anestesiarme, y de escapar de mí misma. Óscar sólo fue la puerta que yo, en ese momento, ya tenía la intención de abrir.

Una tarde, le confesé que quería probar el cristal. Había escuchado mucho sobre esa droga, que provocaba euforia, éxtasis, una sensación de poder y ligereza. Yo quería sentir eso, aunque fuera por un instante. También sabía de los estragos que causaba, pero me negaba a escuchar las advertencias. Me ensordecía ante las consecuencias. O tal vez, en mi soberbia, creía que esta vez sí tendría el control.

Él me dijo que podía conseguirlo.

Y así fue.

Recuerdo que me sentía como una niña que iba a subirse por primera vez a una montaña rusa. Estaba ansiosa, emocionada... y sin saber que esa *aventura* marcaría un antes y un después.

Quedamos de vernos un sábado, mi día libre. Pasé por él por la tarde, alrededor de las cinco. Iba en mi primer carro, un auto rojo. El corazón me palpitaba muy rápido, no por él... sino por la experiencia que estaba a punto de vivir. Subió a mi coche, y yo ya no podía ocultar la ansiedad.

La fiesta apenas comenzaba, pensé.

Buscamos un lugar donde quedarnos en la calle, ya estaba oscureciendo cuando me estacioné. Él comenzó a mostrarme cómo hacerlo. Lo probé y fue una conexión inmediata con el placer, me sentía fuerte, segura. El tiempo se detenía, nada me preocupaba, y lo único que quería era hablar y hablar sin parar. Para mí era tan fácil desahogarme mientras estaba bajo el efecto del cristal. Le decía:
—No me pega, no siento nada...

Eso creía. Porque, a diferencia de otras drogas que te desconectaban por completo, esta te dejaba presente, consciente, con euforia... y con la tentación constante de volver a probarla. Así fue, terminé consumiendo hasta tres veces esa noche.

Ya no regresé a casa, a pesar de que no habíamos dormido nada no teníamos sueño. Cuando amaneció, comencé a ver gente en la calle, algunos iban a misa, otros paseaban a sus perros. Fue entonces cuando me di cuenta de que no había sentido el paso del tiempo.

De pronto, me invadió la taquicardia y la desesperación. Sabía que tenía que regresar a casa, pero no quería. Sentía que había encontrado algo que me hacía ver y sentir diferente, algo que anulaba el dolor. Nada importaba, ni la hora, ni el lugar, ni la vida real. Había, además, alguien igual que yo, alguien que me escuchaba sin juzgar. Comencé a sentir confianza, algún tipo de refugio. Él y la droga se convirtieron en mi escape. A veces me iba de casa por varios días y luego volvía como si nada. La droga me volvía valiente, sin miedo. Pero la caída era dura. El regreso siempre era triste. El vacío me consumía.

Mientras tanto, mi hija —que para ese entonces tenía 4 años— me esperaba en casa.

Había días en que sentía que no quería criarla. No porque no la amara, sino porque no podía. Estaba entrando a una etapa oscura de mi carrera como adicta. Una etapa que me llevaría a perderme por completo. En ese momento no era consciente de lo que ocurría. Ella se quedaba con Víctor que seguía siendo mi pareja a pesar de que las cosas entre nosotros no iban bien. Yo simplemente decía que estaba trabajando. Era fácil justificarse, especialmente en temporada de cosecha de uva, donde también se trabajaba por la noche y no había horarios fijos.

Poco a poco, me volví más dependiente del cristal. Cada vez necesitaba más, porque ya no sentía el efecto como al principio. Comía menos. O no comía en absoluto.

Recuerdo una noche, ya estaba en casa, lista para dormir, pero no podía. Daba vueltas en la cama. Vivíamos en un estudio pequeño, la cama estaba casi pegada a la puerta principal. Víctor me preguntó qué me pasaba. Yo no respondía. Estaba al borde de una crisis.

Desesperada por drogarme otra vez, esperé a que él se durmiera, salí corriendo, encendí el carro y me fui. Conduje como si escapara de algo. Y sí, quería huir. Necesitaba volver a ese estado donde nada doliera.

Conduje más de una hora buscando a mi *conecta*. Iba llorando, con un ataque de ansiedad terrible. Llegué donde se suponía que vivía. Toqué, toqué y nadie respondió. Finalmente, una mujer salió molesta:
—¡Aquí no vive nadie con ese nombre! ¡No vengas a molestar!

Regresé a casa sin nada. Vacía. La *fiesta* estaba terminando. El cristal comenzaba a cobrarme caro la entrada. La tristeza me invadía. Una nostalgia espesa me envolvía. Sentía que me faltaba todo.

Ese estado de locura provocaba una ansiedad desgarradora cuando no consumía. Y esa desesperación me empujaba a buscarlo otra vez. Lo que no entendía era que, cada vez que pasaba el efecto, caía en una depresión crónica. Solo consumir me sacaba de ahí. Solo el cristal me devolvía —temporalmente— *la felicidad*.

Me hacía sentir segura… hasta que el efecto pasaba. Era como una montaña rusa. Y yo, una muñeca de trapo a su merced. El cristal se convirtió en mi dependencia, y mi *conecta*, en su cómplice.

Regresé a casa mientras Víctor me esperaba preocupado. Yo no dejaba de llorar. Me abrazó, sin entender qué pasaba. Solo le repetía:
—Quiero regresarme a México… con mi mamá. Tal vez allá me sentiría mejor. La extraño…

En realidad, era mi niña interior la que pedía a gritos un tipo de amor que no sabía cómo pedir. Ahora lo entiendo. Esa noche casi no dormí. Víctor me abrazaba, intentando darme consuelo. Hacía lo que podía, sin comprender el abismo en el que yo ya me había caído.

Despedirme de Quien Fui

Un día, decidí confesar que estaba muy mal. Que estaba drogándome.

Hay momentos en los que soy brutalmente honesta, me abro buscando ayuda, sin saber si hacía lo correcto. Temía que esa verdad pudiera ser usada en mi contra, manipulada... pero aun así lo dije.

Seguí drogándome a escondidas. Aunque intentara disimular, era evidente. Me convertía en otra persona. Tenía dos caras, una era eufórica, segura, habladora... la otra, depresiva, apagada, silenciosa. Pero la versión original de mí, esa que alguna vez fui, ya no estaba.

Quería parar, lo deseaba con todo mi ser, pero no podía. Quería sentirme como antes, tener control sobre mí, pero ya no rendía ni en el trabajo. Mis jefes empezaron a notar que algo no estaba bien conmigo. En una ocasión en especial, llevaba varios días sin dormir, yo estaba muy alterada y, aun así, fui a trabajar. Estaba paranoica, ansiosa, con delirios de persecución.

Esa noche me había quedado en casa de mi hermana porque salí tarde del trabajo y su casa estaba cerca. Dormí —o intenté dormir— en el sillón de su sala. No había descansado en días. El sillón era áspero, incómodo, y encima había una ventana que me hacía sentir observada.

De pronto, comencé a sentir un hormigueo en todo el cuerpo. Pensé que era el cansancio, pero en mi mente, ese hormigueo se transformó en gusanos. Los veía subir por mi piel, sentía que entraban por mi nariz, mis oídos, mis ojos... por todos mis orificios. Sentía que me comían viva.

Era como estar atrapada en ese sillón durante días. Como si me enterraran viva... pero sin ataúd. Porque mi verdadero ataúd era mi mente. Mi enfermedad. La adicción. Esa fue una de las muertes más aterradoras que he experimentado.

Intentaba que mi hermana no se diera cuenta. Me levanté como pude. Había tres escalones para subir al baño, pero mi cuerpo se sentía tan pesado que parecían veinte. Cuando logré llegar, cerré la tapa del inodoro y me subí ahí. Aun así, los gusanos seguían subiendo.

Pensé que tal vez bañándome se irían. Me metí bajo la ducha. Lloraba desesperada. Creía que otro pase me salvaría, que me sacaría de esa pesadilla. Pero no era así. Cuando salí del baño, todavía veía los gusanos. Con la toalla semidesnuda, corrí al cuarto de mi hermana, gritando que los gusanos me perseguían. Sentía una vergüenza inmensa. Ya no distinguía la realidad. Estaba perdida. Y, sin embargo, entre todo ese caos, mi hija venía a mi mente. Su imagen me perseguía como un recordatorio silencioso.

Mi hermana solo me acompañó. No dijo mucho. No me juzgó. Simplemente estuvo ahí, con esa presencia silenciosa que dice más que cualquier palabra. Sabía —como todos en ese momento— que algo grave me estaba ocurriendo. Ya no era un secreto, el peso que había perdido, mi mirada ausente, mi cuerpo debilitado... todo hablaba por sí solo.

Ella y mi cuñado me prepararon algo de comer. Intenté probar bocado, aunque el apetito hacía tiempo que me había abandonado. Mi cuerpo apenas respondía, y mi mente parecía haber quedado atrás, atrapada en algún lugar oscuro. Aun así, su gesto fue un pequeño consuelo en medio del abismo.

Era evidente que estaba mal. Muy mal. Había adelgazado tanto que mi ropa colgaba de mí como si no me perteneciera. Mis ojos se veían hundidos, apagados, sin brillo. Y mi mirada... siempre perdida, como si ya no habitara en este mundo.

Estaba, literalmente, muerta en vida.

Por la tarde, nos tocaba trabajar. Piscábamos uva para vino, y usábamos un cuchillo especial para cortar los racimos. Apenas había comenzado el turno, cuando me pararon. Me dijeron:
—No puedes seguir así. Podrías cortarte... o que te pase algo.

Una persona del equipo se acercó y me dijo:
—Yo tengo un familiar que está como tú. Y deseo que se recupere. También deseo lo mismo para ti. Piensa en tu hija.

Y ahí... me quebré.

Comencé a llorar. Sentí que todo mi secreto se hacía visible. Me sentí expuesta, exhibida. Pero también fue una de las primeras veces que alguien fuera de mi familia me miraba con compasión, no con juicio. Sabía que estaba haciendo algo muy malo. Me sentía la peor empleada, la peor mamá, la peor pareja, la peor hermana.

Aun así, regresé a casa como pude. En el camino, seguía viendo visiones. Pero afortunadamente llegué. Me metí a bañar y tiré la bolsita de cristal por el inodoro. Esa noche dormí profundamente, como un oso en invierno. Mi cuerpo lo pedía a gritos.

Me di cuenta de que estaba en una situación crítica. Estaba atrapada, emocionalmente devastada, en una depresión profunda, y con una necesidad insaciable de consumir. Aunque tiraba la bolsita una y otra vez, siempre terminaba comprando más. Sabía que tenía que parar... pero no podía. Pensaba en mil formas de salir, pero nada me convencía. Mientras tanto, seguía intentando.

Una ocasión marcó un antes y un después. Nunca la olvidaré. Yo salía de casa para consumir, como tantas otras veces. Me iba todo el fin de semana y regresaba los lunes hecha pedazos. Ese día no salí con ropa de trabajo. Mi hija, que estaba jugando, me vio alistándome y se dio cuenta de que saldría. Me dijo:
—No te vayas, mamá.

Le respondí que iba a trabajar. Pero sabía que ella, tan pequeña, ya intuía que no era verdad. Salí. Ella se quedó en la puerta, detrás de la malla de metal negra. Cuando llegué al carro, ella abrió la puerta y corrió hacia mí, llorando, abrazándome fuerte. Me dijo:
—No te vayas, mamá... quiero estar contigo.

Le pedí a Víctor que la agarrara. Se me hacía tarde —tarde para drogarme, no para trabajar. Me dolió tanto no quedarme. No mirar su carita. Esa carita que pedía a gritos a su mamá. Y lo peor de todo, no iba a trabajar. Iba a consumir. Había algo dentro de mí más fuerte que cualquier vínculo, que cualquier promesa. Algo que anulaba todo lo demás.

Recuerdo mirar por el retrovisor, como en una película. Ella con un vestidito blanco, con rosas bordadas en el pecho. Mi niña. La que yo quería cuidar, pero ya no sabía cómo. Sin darme cuenta, había cedido mi responsabilidad a mi pareja. Él veía por ella cuando yo no estaba. Me ha dolido mucho no haber sido la madre que quizás ella necesitaba. Di lo que tenía... pero a veces eso no fue suficiente. Jamás pensé en dejarla o darla en adopción, aunque muchas personas me lo sugerían. Me decían:
—Entrégala, estará mejor con otra familia.

Pero yo sabía que, si hacía eso, me arrepentiría toda la vida. Amaba a mi hija, aunque en ese momento no supiera cómo demostrarlo. Vivía desde el instinto de supervivencia. No desde el amor. ¿Cómo puedes dar algo que no conoces o no tienes?

Muchos años me sentí culpable. Cuando por fin fui consciente del daño que me hice —y que le hice a quienes estaban a mi alrededor— lo comprendí, uno no se destruye solo. Cuando te pudres por dentro, vas pudriendo también a quienes te rodean.

Hubo muchas veces en que me acosté con personas que no me agradaban. Mi cuerpo, mi dignidad... todo valía un gramo de cristal. Así de desvalorizada estaba. Me ha costado tanto ver eso con claridad. Llevé a mi cuerpo al extremo. Quería vivir, pero la vida se me convirtió en una guerra. Y yo ya había bajado los brazos. Nada importaba. Solo quería desaparecer. No despertar.

Mi cuerpo, mi alma, mi mente y mi espíritu dolían. Era lo único que sentía. Dejé de sonreír. Dejé de mirarme al espejo. Me dolía verme. Mis ojos, mi rostro... eran irreconocibles. Me sentía vacía, delgada, transparente. Lo recuerdo como si cayera en un pozo, en un agujero negro sin fondo. Todo era oscuro. Yo caía con los brazos extendidos, los ojos semiabiertos, sin energía. Me sentía cansada, abandonada, herida, usada, maltratada.

Necesitaba amor. Necesitaba que alguien me viera. Que alguien me rescatara. Como en la película de *Hércules*, cuando baja al inframundo para salvar a la mujer que ama. Así estaba yo... atrapada, esperando que alguien me sacara del hueco.

La experiencia de ver a mi hija necesitándome fue un llamado de atención. Algo dentro de mí despertó, aunque fuera solo por un tiempo. Realmente quería estar bien, reconstruir mi vida, recuperar la confianza de mi familia. Sentía que, por fin, tenía todo aquello con lo que había soñado, un hogar, una pareja, una hija que me miraba con amor incondicional. Por eso quería hacer las cosas bien, mantenerme sobria, ser una buena madre. Incluso Víctor y yo comenzamos a hablar de tener un bebé. Llevábamos tiempo juntos y pensábamos que era el momento adecuado, que nuestra hija merecía crecer acompañada.

Sin embargo, mientras hacíamos planes, yo todavía consumía. Vivía en una contradicción constante, soñando con una nueva vida mientras seguía atada a mis viejos hábitos. Todo cambió el día que confirmé que estaba embarazada. En ese instante dejé de consumir. Pero esa decisión, aunque necesaria, me llevó a una profunda depresión.

Me corté el cabello, buscando algún tipo de alivio, un cambio externo que reflejara mi deseo interno de renacer. Pero nada me hacía sentir bien. Solo cuando inicié los cuidados prenatales empecé a encontrar un poco de estabilidad.

Ahí fue cuando comencé terapia individual, y más tarde, de pareja. Sabía que teníamos mucho que trabajar emocionalmente, pero, en el fondo, solo abordé mi culpa por la adicción de forma superficial. Me resultaba casi imposible abrirme por completo. Hablar de mí, de lo que había hecho, me resultaba abrumador. Además, sentía que todo lo que decía quedaba registrado, que el personal médico conocía mi historia y me miraba con juicio. Esa sensación de vergüenza me acompañó durante todo el embarazo.

Yo sentía que era una adicta que no quería a su familia y me juzgaba constantemente. Aun así, lo intenté. Me propuse que este embarazo fuera lo más tranquilo y sano posible. Esperaba a mi bebé con mucho amor. En ese momento, ella era mi salvación. Tenía un motivo profundo para seguir adelante. Me alegraba ver que todo comenzaba a mejorar. Ya no consumía, pasaba más tiempo en casa y me esforzaba por ser la mejor madre que podía ser. Sentía que aún había esperanza, que la vida me ofrecía otra oportunidad para reescribir mi historia.

Durante este embarazo, el papá de mi hija me apoyó. Ambos estábamos felices de recibirla. Íbamos a tener otra niña. Claro que, en algún momento, esperé un varón... pero la vida, con su infinita sabiduría, me regaló otra niña.

Hoy, con la distancia del tiempo, entiendo cuántas veces deseamos cosas que no nacen de nosotras, sino de creencias heredadas, de ideas sociales, de expectativas ajenas. Recuerdo que con mi primera hija también deseaba un niño. Creía que las mujeres sufríamos demasiado, que ser varón sería más fácil. Pensaba, como muchas, que, si era niño, él sería el protector de la familia. Pero ¿desde cuándo les hemos asignado ese rol sin siquiera preguntarles? ¿Por qué decidir por ellos antes de que lleguen al mundo?

Yo fui una niña. No fui un varón. Y, aun así, desde pequeña, tomé ese rol protector. Hoy comprendo que ningún niño ni ninguna niña debería cargar con ese peso. Claro que la vida a veces nos empuja a asumir responsabilidades que no nos corresponden, pero lo más sano sería que ese camino no dependiera de nuestro género.

También está la presión social constante, esa que se disfraza de interés o cariño:

> *"¿Y para cuándo el niño? Ya tienes niñas, te falta el varón."*
>
> *"¿Tu pareja no tiene hijos? ¿Cuándo le vas a dar uno? No seas egoísta, tú ya eres mamá..."*

Y así, una infinidad de comentarios que no toman en cuenta el deseo, la historia ni el cuerpo de la mujer.

Afortunadamente, esta vez yo estaba feliz. Este embarazo sí fue esperado. Sentía, por fin, que tenía la familia perfecta. Todo era diferente. Incluso me organizaron un Baby Shower sorpresa. Recibí muchísimos regalos, y aunque parezca un detalle menor, eso significaba mucho para mí. Sabía que esta vez mi hija tendría ropita. Es esta ocasión yo estaba más preparada y me sentía más acompañada.

Ya tenía 21 años cuando nació. Seguía siendo joven, pero estaba viviendo uno de los momentos más felices de mi vida. Claro, cada etapa tiene sus matices. Cuando nació mi primera hija, también fui feliz, a mi manera, entre mis ausencias y mis excusas. Pero todo era más caótico, más confuso. Es muy difícil disfrutar la maternidad cuando una vive en medio del desorden interno.

Hoy sé que es fundamental vivir el embarazo con la mayor paz posible. Aunque el nuevo ser venga con su propia luz, todo lo que lo rodea también lo forma. Y muchas veces no somos conscientes de eso. Yo misma no lo supe con mi primera hija hasta el quinto mes. Fue entonces cuando empecé a imaginar cómo sería conocerla. Me preguntaba si sabría ser madre, si lo haría bien... las mismas preguntas que muchas mamás primerizas nos hacemos.

Con este segundo embarazo me sentía más segura, más confiada. Cuando comenzaron los dolores, ya estaba lista. Tenía la pañalera en el auto, la ropita con la que saldría del hospital, todo organizado. Mi hija mayor, que tenía 5 años, ya sabía qué pasaría. Le había explicado que se quedaría en casa de una amiga mientras mamá iba al hospital. Ella estaba feliz.

Ese día no fui al hospital hasta que sentí que era el momento. Me quedé en casa, tranquila. Víctor me acompañó durante todo el proceso, y agradezco profundamente que haya sido parte de la historia del nacimiento de nuestra hija. Estuvo presente, paciente, incluso bromista. Tal vez, en el fondo, estaba nervioso... pero feliz de recibir a su primera hija. Su actitud ayudó a que todo fuera más llevadero.

Para mí, ella fue mi regalo de cumpleaños. Nació solo tres días después del día en que yo nací.

Cuando comenzaron los dolores del parto, todo fue intensificándose rápidamente. Las contracciones se volvían más fuertes con cada minuto. Recuerdo que mi amiga, quien se haría cargo de mi hija mayor, llegó corriendo para apoyarnos.

Víctor y yo partimos enseguida al hospital. Al llegar, me sentaron en una silla de ruedas mientras él me hablaba con ternura, tratando de darme ánimos. Yo, sin embargo, apenas podía respirar del dolor. Le pedía en voz baja que no me hablara, que solo me acompañara en silencio. Me sentía tan vulnerable... pero en el fondo sabía exactamente lo que me esperaba en la sala de parto. Ya había pasado por esto antes.

Me asignaron una habitación en la que daría a luz, y desde el primer momento sentí la diferencia. El lugar era cómodo, cálido... completamente distinto al hospital donde había nacido mi primera hija. Todo se sentía más humano, más acogedor.

Las enfermeras fueron pacientes, atentas, empáticas. Víctor se colocó a un lado de la cama, tomándome de la mano. No se apartó ni un segundo. Me hablaba con suavidad, animándome a cada paso. Este parto fue profundamente conmovedor para mí. Sentí que, esta vez, tenía todo lo que me había faltado en el primero, el apoyo emocional de mi pareja, la contención profesional, la tranquilidad de un ambiente respetuoso. Por dentro, aún en medio del trance del dolor, me daba cuenta de cada detalle.

No grité. No me desesperé. No hubo ansiedad. Gracias a los cuidados prenatales y al acompañamiento que recibí durante el embarazo, sabía cómo respirar, cómo dejarme llevar por las contracciones sin resistirme. Como madre por segunda vez, ya entendía mejor lo que venía. No era más fácil... pero sí más consciente. Y esa conciencia lo cambió todo.

Por otra parte, el doctor que supervisaba el parto me miró con firmeza y me dijo:
—Ya está a punto de nacer, empuja una vez más.

Esa fue mi señal. Mi luz verde para darlo todo. Hice fuerza con todo lo que tenía, y enseguida nació mi bebé. Para mi sorpresa, en lugar de llevársela —como había sucedido con mi primera hija— la colocaron sobre mi pecho. Ese primer contacto fue indescriptible. Sentir su cuerpecito tibio sobre el mío, piel con piel, fue una de las experiencias más maravillosas de mi vida. La miré, la olí, la sentí. Era mía.

A veces me duele pensar que me arrebataron ese momento con mi primera hija. Me lo robaron sin explicación. Pero ahora, al menos, la vida me regalaba esta segunda oportunidad. De alguna manera, sentía que estaba siendo recompensada.

Víctor también vivió un momento especial, a él le permitieron cortar el cordón umbilical. Fue algo muy simbólico, y me alegró que estuviera allí, presente, acompañándonos. Verlo tan conmovido, tan pendiente de nuestra hija, me transmitía tranquilidad. Él se deshacía de amor por ella, y eso me conmovía profundamente.

Días después nos dieron de alta y volvimos a casa. Al llegar, le presentamos a la bebé a su hermana mayor. Desde el primer momento, se amaron con ese vínculo único e instintivo que solo las hermanas pueden comprender. Y yo... yo entendía muy bien ese amor.

La llegada de Ali llenó el hogar de una sensación casi mágica. Como si, por fin, estuviéramos completos. Por un tiempo, los problemas parecían haberse esfumado. Estábamos enfocados en nuestras pequeñas. Ya habían pasado varios meses desde mi última recaída, y me sentía motivada, contenida.

Disfrutaba ser madre. Amamantar a mi hija me conectaba con ella de una manera tan profunda que muchas veces me detenía, en seco, antes de pensar en consumir. Era como si ese amor puro de los primeros meses me sostuviera desde dentro. Esa conexión me daba fuerza para continuar con una vida libre de drogas y me daba un propósito para seguir.

Con mi primera hija también lo había sentido, esa certeza absoluta de que tenía una vida a mi cargo, que debía protegerla y cuidarla. Verlas tan pequeñas, tan dependientes de mí, me despertaba algo muy profundo. Era como si, por fin, pudiera comenzar a ser la mujer que ellas necesitaban.

Partir en Pedazos para Salvarse

Seis meses después del nacimiento de Ali volví a trabajar, pero esta vez había algo diferente. Trabajar no era solo una necesidad económica... era una forma de respirar. De sentir un poco de libertad. Por primera vez en mucho tiempo, estar fuera de casa me traía paz.

Los conflictos en casa seguían siendo una constante. La única válvula de escape que encontraba en ese entonces era el trabajo. También asistíamos a la iglesia, quizás en un intento de aferrarnos a una ilusión de armonía. Queríamos estar bien, al menos en apariencia. Pero lo cierto es que éramos muy jóvenes, y estábamos profundamente heridos. No podíamos ofrecer lo que no conocíamos. Formar una familia sana era un ideal hermoso, pero lejano... algo que ni siquiera sabíamos cómo imaginar.

¿Cómo se guía con amor cuando una misma está rota y no ha aprendido a ver con claridad?

Me dolía mirar a mis hijas. Porque ellas no tenían la culpa de nada. Y, sin embargo, estaban aprendiendo desde pequeñas a moverse entre el caos, el dolor, los gritos, y las reconciliaciones vacías. Lo que se suponía debía ser un hogar, era más bien un terreno movedizo de emociones y promesas rotas.

Muchas veces caí en ese ciclo de salir de casa por unos días y luego regresar. Siempre regresaba. Me sentía incapaz de sostenerme sola con mis hijas. Incluso si lograba salir un tiempo, la carga de la responsabilidad me desbordaba. Él al menos compartía parte del día a día. Su presencia, aunque imperfecta, me aliviaba. Sola... todo me parecía imposible.

Y sí, también estaba el gancho emocional, las promesas. Las de siempre, que todo cambiaría, que me amaba, que lo hiciera por las niñas. Y yo, aferrada a una esperanza, cedía. Volvía una y otra vez.

Hasta que un día creí haberlo logrado. Me fui con mis hijas. Renté un cuarto de un apartamento cerca de la casa de mi hermana, quien me ayudaba a cuidarlas mientras yo trabajaba. Cambié a mi hija de escuela. Esta vez estaba decidida. Me repetía a mí misma que no habría vuelta atrás.

Pero la soledad me calaba hondo. Sentía el peso de todo en mis hombros, y aunque estaba haciendo justo lo que siempre había temido —enfrentarme al mundo sin red de apoyo—, me sentía más vacía que nunca.

Él seguía ahí, aunque no físicamente. Su voz resonaba en mi cabeza, *No lo lograrás sin mí*. Esa frase se me había quedado tatuada en el inconsciente. Era como si necesitara verme dependiente, frágil, y sometida. Yo no lo entendía así en ese momento; lo justificaba. Pensaba que lo decía por preocupación. Que, quizá, no creía que yo podría sola.

Él seguía buscándome. Me llamaba, visitaba a las niñas de vez en cuando, se mostraba amable. Y yo, confundida, vulnerable, me sentía arrastrada de nuevo al mismo círculo.

En medio de ese vaivén, conocí a Ricardo. Comencé a salir con él. Lo hice porque quería sentirme amada, porque necesitaba sentirme vista, aceptada. Estaba intentando llenar, como fuera, ese vacío que me acompañaba desde siempre.

Pero, aunque me distrajera, lo mío —lo esencial— seguía siendo mi familia. Y, aun así, ahí estaba otra vez, ilusionándome con la idea de volver con Víctor. Volver al mismo ciclo. Porque no sabía cómo salir. Me sentía atrapada en una relación que no sabía cómo terminar. Estaba envuelta en una telaraña emocional de la que no encontraba salida.

Y entonces ocurrió. Esa escena quedó grabada en mi memoria.

Estábamos en la zona de parqueo de los departamentos donde vivía. Yo iba llegando con Víctor, cuando Ricardo estacionó su coche justo al lado del nuestro. Ambos estaban afuera. Me quedé en medio, sintiéndome vulnerable, expuesta, como si todo estuviera por explotar.

Sabía que él reaccionaría mal. Sentía el aire cargado de tensión, como una bomba a punto de estallar.

Víctor comenzó a jalonearme con fuerza. Me decía, "Vámonos de aquí." Me sentía profundamente avergonzada, sobre todo por la presencia de Ricardo. Por cómo me trataba delante de él. Era como si no existiera dignidad en mí en ese momento, como si fuera una cosa que él podía tomar a la fuerza.

Le dije que no iría a ningún lado. Y menos así.

Mi corazón latía muy rápido. Sabía que había desatado una tormenta. Que estaba frente a un momento de violencia pura. Me quedé paralizada. Muda, en silencio total, hasta que volvió a jalarme. Ricardo, que estaba ahí, le pidió que no lo hiciera. Trató de moverme hacia su lado, como si por fin alguien me defendiera, como si alguien más notara que lo que estaba ocurriendo no era normal, no era correcto.

Me vi de pronto en medio de los dos. Literalmente, me jalaban como si yo fuera un objeto. Como si no tuviera voluntad. Como si no fuera un ser humano.

Hasta que sucedió, Ricardo golpeó a Víctor. Lo vi caer al suelo y no podía levantarse.

Grité, *"¡Ricardo, por favor, basta!"* Daba vueltas sin saber qué hacer, queriendo detener la pelea. Pero nada funcionaba.

En un momento de desesperación, decidí alejarme. Los dejé ahí, discutiendo, y caminé hacia el departamento donde vivía. Necesitaba pensar, respirar, y entender qué acababa de pasar.

Pero él me alcanzó.

De pronto me tiro al suelo, en una noche, silenciosa, sin nadie alrededor. Y él, jalándome del cabello, arrastrándome. Nunca había sentido un dolor así. Pensé que me dejaría sin un solo pelo. No me golpeaba con puños, porque no quería dejar marcas. No quería que se notara la violencia.

Quise gritar. Pero no lo hice.

Me dolía todo, no solo físicamente. Me dolía el alma, la vergüenza, el silencio. No quería que nadie se diera cuenta. Esa era una de las partes más dolorosas de vivir violencia, el miedo a que los demás te vean así, rota, expuesta. Para mí, era más vergonzoso que doloroso.

Y, aun así, lo callé como siempre.

Él me arrastraba sin detenerse. Sentía el pasto húmedo y frío pegándose a mi piel, mezclado con la tierra. Intentaba levantarme, pero me jalaba del cabello con tanta fuerza que volvía a caer. Me gritaba que me pusiera de pie, mientras los insultos caían uno tras otro, como piedras.

Prostituta, repetía una y otra vez, con una furia que no entendía.

Yo intentaba no gritar. Quería mantenerme en silencio, aunque dentro de mí el miedo gritara por mí. Pero era imposible.

Luego vinieron las escaleras. Las subí arrastrada, escalón por escalón, con las piernas temblando y el cuerpo entumecido. Cuando llegamos a la puerta del apartamento, me ordenó que la abriera.

Era un lugar sencillo, donde rentaba un cuarto a una señora llamada Leonora y a su hijo, Juan. Sabía que, si hacía ruido, podrían echarme. A pesar del terror, mi mente solo pensaba en eso, en no perder lo poco que había logrado.

Entramos y fuimos directo a mi cuarto.

El espacio era casi vacío. Apenas unas cobijas dobladas, algo de ropa, ni siquiera tenía un colchón. Todo lo que tenía era ese pequeño rincón que me recordaba que estaba intentando empezar de nuevo. Pero en ese instante, esa sensación de esperanza se volvió polvo. Las cadenas que creía estar rompiendo se sintieron más gruesas, más pesadas, más imposibles de quebrar.

Me empujó al suelo. Cerró la puerta con seguro. Y entonces sacó su navaja. Lo que vino después fue una escena de horror y sometimiento. Comenzó a desnudarme de la cintura para abajo con una mano, mientras con la otra me sostenía del cuello. Yo estaba completamente paralizada. El miedo me congeló. No podía moverme. No podía reaccionar.

Sentía su respiración tan cerca... y no podía hacer nada.

Y ahí, en el lugar donde intentaba reconstruirme, me despojó una vez más no solo de mi cuerpo, sino de mi dignidad, de mi valor, de mi voz y todo sentido de humanidad. Me sentí desprotegida, abandonada, sin valor alguno.

Lo que más dolía no era solo el cuerpo si no sentir como se quebraba mi espíritu. Mi alma herida que gritaba sin sonido, buscando una salida, una promesa, una señal de que algún día volvería a sentirme a salvo.

Él terminó lo que había comenzado. Cuando por fin se detuvo, lo miré y vi su rostro deformado por la ira, un ojo cerrado, hinchado por los golpes de la pelea anterior. En su expresión había odio, frustración... y una rabia que parecía descargarse por completo sobre mí. Fue en ese instante cuando el miedo me invadió de verdad. Sentí, con una claridad dolorosa, que mi vida estaba en peligro. Que tenía que escapar.

Planeé mi salida en silencio. Fingí calma. Le dije que necesitaba ir al baño. Ahí, frente al espejo, me vi de nuevo, pero ya no era la misma. Tenía el rostro descompuesto, la mirada perdida, el cuerpo temblando. Fue ahí, en ese reflejo, donde tomé una decisión. No podía seguir ahí. Tenía que salvarme.

Y corrí.

Corrí descalza, con el corazón desbocado. Sentía el frío del suelo, las piedras lastimándome los pies, pero el miedo era más fuerte que el dolor. Detrás de mí, escuchaba sus pasos, sus gritos. Era como estar en medio de una guerra. Una escena de pura supervivencia.

Alcancé mi coche. Logré cerrar los seguros justo a tiempo. Él comenzó a golpear las ventanas con furia. Gritaba, amenazaba. Yo marqué a la policía con las manos temblorosas. Mientras hablaba con los oficiales, él sacó una navaja y comenzó a pinchar las llantas, una por una, hasta que finalmente se marchó.

Cuando la patrulla llegó, los oficiales me ayudaron a salir del auto. Apenas podía hablar. Pero en ese momento sonó mi teléfono, era mi hermana. Me dijo que él había ido a su casa y se había llevado a mi hija menor.

El pánico me recorrió entera. Le rogué a los policías que me ayudaran, que me acompañaran a buscarla. Sentía que algo terrible podía pasar. Pero su respuesta fue devastadora:
—No podemos intervenir, señora. Él es el padre. Legalmente tiene derecho a llevársela. Si quiere recuperarla, tendrá que hacerlo por la vía judicial.

Les conté, entre lágrimas, que me había maltratado. Que me había jalado el cabello. No fui capaz de decirles todo lo demás. Tenía miedo. Vergüenza. Sentía que no me creerían. Los policías me preguntaron si quería presentar cargos. Les dije que no. Lo único que quería era que mi hija estuviera a salvo.

No tenía marcas visibles. No tenía pruebas. Y, sin embargo, todo mi cuerpo dolía. Me sentía vacía, expuesta, invisible. Sentía que pedir ayuda había sido inútil.

Una impotencia absoluta se apoderó de mí. Era como un frío helado recorriéndome el cuerpo, paralizándome. Lloré hasta que ya no me quedaron lágrimas, solo un cansancio profundo y un vacío enorme.

Y, aun así, la culpa me perseguía. Pensaba:

"Si no hubiera salido con alguien más… si no se hubieran enfrentado… nada de esto habría pasado."

"Todo es mi culpa."

Esa idea me atormentaba. Me angustiaba pensar que podía perder la custodia de mi hija, que ahora sí lo perdería todo.

Estaba atrapada. Atada al miedo. Atada al silencio. Y, sobre todo, a esa esperanza ingenua —y tan humana— de que algún día alguien me quisiera bien.

Al día siguiente, él regresó con nuestra hija.

Yo ya no era yo. Sentía que estaba en un estado de shock, como si hubiera quedado suspendida en el aire, desconectada de todo. Ni siquiera recuerdo si me habló. No hacía falta. Su sola presencia bastaba para paralizarme. Ese día no dije una palabra. Me sometí en silencio, temiendo que, si lo contradecía, si decía algo, se la volvería a llevar. Sentía que no tenía ningún derecho, que, si él decidía quitármela otra vez, no habría nada que pudiera hacer para evitarlo.

En aquel entonces, intentaba defenderme. Trataba de explicarle que lo que hacía no estaba bien. Pero cada intento terminaba volviéndose en mi contra. Él siempre encontraba una manera de justificarse, una excusa para sus actos. Lograba convencerme de que, de alguna forma, yo era la responsable de su enojo. Y así, poco a poco, me fui quebrando por dentro... hasta creerle.

Este tipo de manipulación emocional que lleva a una persona a dudar de su percepción, memoria o juicio se conoce como *gaslighting*. Es una forma sutil pero devastadora de violencia psicológica que erosiona la confianza en uno mismo. Según la psicóloga mexicana María Elena Badillo, "el gaslighting es una forma de abuso emocional que busca que la víctima dude de su propia realidad para facilitar el control" (Badillo, 2019).

Después de todo lo que había pasado, nunca me pidió perdón. Al contrario, dijo que no sabía cómo defenderse, que todo había sido mi culpa. Que yo lo había provocado. Pero hoy sé que ninguna forma de violencia es justificable. Ninguna.

Recuerdo que lo miraba golpeado y, en lugar de sentir alivio, me invadía la culpa. Me decía a mí misma que tal vez me lo merecía, que yo lo había provocado, que por mi culpa todo se había salido de control. Y, para sorpresa de nadie, cuando me lo pidió... regresé con él.

Con toda la vergüenza del mundo, fui a recoger mis cosas al cuarto que rentaba. La señora Leonora me recibió en la puerta. Me miró con una mezcla de ternura y tristeza, y solo me dijo:
—Lo que estás viviendo no está bien, hija.

No supe qué responder. Lloré.

No sé si lo dijo porque me vio los ojos hinchados, el cabello revuelto, o porque escuchó algo aquella noche. Tal vez no necesitaba pruebas. Hay cosas que el alma percibe sin que se digan. Y aunque yo intentaba aparentar normalidad, hay heridas que se notan incluso cuando una las quiere ocultar.

En ese momento, no tenía claridad. Vivía reaccionando. Tomaba decisiones al vuelo, tratando de sobrevivir al día. Estar en una relación así me desconectó por completo de mi esencia. Dejé de ser yo. Empecé a actuar solo para complacer, para evitar conflictos, para mantenerlo tranquilo.

Mi mundo se redujo a ese espacio mínimo de calma aparente. Y, aun así, lo aceptaba como si fuera suficiente. Con tan poco me conformaba. Creía que eso era amor, que el amor era sacrificio. Que amar tenía que doler... porque, si no dolía, no era real.

Hoy sé cuán equivocada estaba.

No sabía por dónde empezar a comprender lo que estaba viviendo. Mucho menos cómo contarlo. No quería que nadie lo supiera. Me avergonzaba. Me aterraba que me culparan, que me juzgaran, que me señalaran. Siempre había sido así. Aprendí desde niña a callar. A fingir que todo estaba bien. A esconder el dolor detrás de una sonrisa rota.

Me repetía una y otra vez, *Mejor que solo lo sepamos él y yo.*

Como si guardar silencio pudiera borrarlo. Como si no decirlo lo hiciera menos real.

Incluso deseaba que él también lo olvidara. Que todo desapareciera. Porque me dolía saber que hasta él era consciente de lo que me había hecho. Ese nivel de vergüenza, de miedo, de culpa... fue tan profundo que terminé por desaparecer dentro de mí misma.

Mi autoestima se redujo a nada. Mi voz se apagó. Mi esencia se fue extinguiendo lentamente, como una llama sin aire.

Me sentía vacía. Rota. Invisible.

Hoy, desde otro lugar, me miro con compasión y me prometo seguir sanando. Hoy puedo mirar esta experiencia como realmente fue, una violación. No pienso minimizarla, ni volver a callarla.

Ahora la reconozco y la nombro.

Ya he empezado a sanar todo lo que minimicé, todo lo que intenté olvidar. Porque en ese entonces realmente creía que lo que vivía era "normal" entre parejas. Que quizá el amor era así, una mezcla de dolor y dependencia. Y aunque dolía, lo justificaba.

Buscaba afecto donde no lo había, y no lo veía. En lugar de reconocer el daño, me culpaba. Creía que él realmente me amaba. Que, si me gritaba o me lastimaba, era por mi culpa. Que yo lo provocaba. Pensaba que por eso teníamos tantos problemas. Y así, confundida, me hundía más.

Con el tiempo entendí que hay personas como la señora Leonora que, aunque no puedan salvarnos del todo, lo intentan. Que hay quienes llegan con un gesto, una palabra, una mirada, y nos dicen sin decirlo, *Despierta*. No siempre son salvadoras. Pero sí pueden ser faros. Pequeñas luces en medio del naufragio.

A veces, sin embargo, no llega nadie.

A veces estás completamente sola.

Y entonces no queda más remedio que rescatarte a ti misma.

Rescatarte no significa hacerlo todo sola, pero sí abrir los ojos, decidir, soltar, y buscar una salida. Aprender a sostenerte.

Y con el tiempo —cuando las heridas empiezan a cicatrizar— también regresar para sostener a otra.

A veces, a muchas otras que están viviendo la misma situación que algún día viviste.

Salir no Siempre es Irse

Después de un tiempo, comenzamos a buscar un lugar donde vivir. Pero lejos de traer calma, esa mudanza hizo que él se volviera aún más posesivo. Si antes lo era, ahora lo era mucho más. Yo trabajaba solo por temporadas, y en ese momento, al ser fin de año, el trabajo en el campo escaseaba. Pasaba más tiempo en casa, tratando —una vez más— de encajar en el rol de la "buena esposa" y la "buena madre", mientras disfrazaba de familia perfecta lo que en realidad era una convivencia tensa, agotadora, llena de silencios que pesaban más que las palabras.

Ese invierno todo parecía *estar bien…* al menos en apariencia. Como no nos alcanzaba para pagar un apartamento completo, nos mudamos a un lugar más económico. Cuando llegó la primavera, el trabajo regresó y nos trasladamos a una habitación en una casa compartida, donde teníamos que dividir cocina y baño con otras personas. Era lo que podíamos costear en ese momento.

Yo, por mi parte, trataba con todas mis fuerzas de mantenerme sobria. Quería creer que esta vez sí podríamos lograrlo. Que nuestra relación tenía una oportunidad, que, si ponía todo de mi parte, todo sería distinto.

Pero la verdad era otra, me sentía profundamente cansada. Vacía. Emocionalmente drenada. Y en medio de ese desgaste silencioso... recaí.

Las discusiones entre nosotros eran diarias. Todo servía de excusa para discutir. Aunque intentaba mantener el control, algo en mí ya no podía más. Y sí, volví a consumir. Esta vez creí —ingenuamente— que podía hacerlo con más "cuidado", que no perdería el control. Como si uno pudiera negociar con el dolor o domesticar la adicción.

Consumir, en ese momento, fue como colocar una capa gruesa sobre mis emociones. Un manto que lo amortiguaba todo, el miedo, la frustración, la rabia contenida. Era mi forma de no sentir. De no cuestionar. De no explotar.

Recaer no es lo opuesto a sanar. Es parte del camino. Aunque duela, aunque parezca que todo lo avanzado se derrumba, una recaída también puede ser una señal, de que aún hay heridas abiertas, de que hay aspectos que necesitan más cuidado, más compasión, menos juicio.

"Los individuos que se recuperan de los trastornos por uso de sustancias suelen experimentar recaídas, que han sido reconocidas como parte del proceso de recuperación" National Institute on Drug Abuse, NIDA).

"El modelo de Prevención de Recaídas conceptualiza la recaída no como un evento aislado, sino como un proceso que incluye fases emocionales, mentales y físicas, lo cual permite reconocer señales tempranas y establecer intervenciones preventivas" (G. Alan Marlatt & colaboradores). NCBI+1

Lo importante no es caer, sino qué hacemos después de la caída.

Recuerdo que fue en esos días cuando comencé a notarlo extraño. Una noche, mientras nos alistábamos para dormir —las niñas ya estaban acostadas en su cuarto—, yo me preparaba también para acostarme. Nuestro cuarto era diminuto, apenas cabía una cama matrimonial. Teníamos un clóset improvisado, montado con tablas y cortinas, justo encima de la cama. Me recosté, le di las buenas noches... y me dormí.

A medianoche desperté con una sensación rara. Algo no estaba bien.

Él no dormía. Se movía inquieto, cambiaba de posición, murmuraba cosas en voz baja. Cuando notaba que yo despertaba, se quedaba inmóvil, como si ni siquiera respirara. Su actitud me resultaba extraña. Algo pasaba, pero no sabía qué. Y lo ignoré.

En ese momento no podía comprenderlo. No tenía las palabras. Pero después entendí que aquello ocurría con frecuencia. Yo ya estaba anestesiada emocionalmente. Todo lo que me parecía "raro" era parte de un lenguaje que mi cuerpo entendía, pero que mi mente aún no sabía traducir.

Él, en ese estado de nerviosismo y evasión, me generaba un rechazo profundo. Otra vez pensaba en dejarlo. Pero ese pensamiento venía acompañado de otro, "¿Y si no puedo sola? ¿Y si no logro sacar adelante a mis hijas?"

Era un ciclo que se repetía.

Mi manera más lógica de escapar —o eso creía— era encontrar a alguien más. Alguien que me mirara distinto. Que me "rescatara." Hoy entiendo que no buscaba amor... buscaba salida. Pero entonces no lo veía así. Creía que enamorarme de otra persona haría el dolor más llevadero. Que quizás así me atrevería a soltar lo que ya no tenía remedio.

Seguía escuchando en mi cabeza esa frase que él me repetía como un mantra:
"Sin mí no vas a poder con tus hijas. No vas a poder sola."
Y yo me la creía.

Ese temor me paralizaba. El miedo de no poder con la carga sola. El miedo de fallarles a ellas. Así que me quedaba, esperando —con la esperanza deshecha— que tal vez, con suerte, alguien apareciera y me sacara de esa relación.

Mientras tanto, sus celos crecían. Eran más intensos, más violentos, más asfixiantes. Cada pequeño gesto mío se volvía un motivo de conflicto.

En esa época era temporada de pisca. A veces trabajábamos en los mismos campos. Él tenía un empleo fijo en construcción, pero por las noches tomaba turnos extra en la pizca de uva. El día a día se volvía cada vez más tenso, como si viviéramos en una cuerda floja. Y aun así, yo seguía sosteniéndome con la idea de resistir, como si resistir fuera lo mismo que vivir.

Una noche coincidimos en el mismo rancho. Él estaba con otro equipo, yo con el mío. Terminamos de trabajar, cada uno regresó a casa en su respectivo carro. Todo parecía estar en calma. Pero al llegar... comenzaron los reclamos.

Como siempre.

Me acusaba de haber desaparecido por un momento, de que no me había visto, de que seguramente estaba con alguien más.

—¿Dónde estabas? —me decía—. ¿Con quién estabas? ¿Crees que soy tonto?

Yo no entendía nada. Estaba sorprendida. Lo que a mí me emocionaba de ese día era que, por fin, coincidíamos en el trabajo. Pensé que eso le permitiría ver con sus propios ojos que el trabajo que yo hacía no era sencillo, que valoraría mi esfuerzo, que entendería que también quería sacarnos adelante, que mi intención siempre fue sumar, ayudar, no competir ni cuestionar.

Quería que él viera que a pesar de los malos momentos, yo seguía ahí, apostando por nosotros.

Pero no. Él no veía eso.

Yo lo escuchaba. No respondía, solo escuchaba. Hasta que no aguanté más y le dije:
—Posiblemente fui al baño en el momento que no me viste. No lo sé. Solo quiero descansar, por favor...

Estábamos en el cuarto. Un espacio tan pequeño que se volvía asfixiante cuando las emociones estallaban. Yo solo quería escapar, entonces tomé las llaves del carro y salí. Esa noche había comenzado una tormenta. Llovía con una fuerza que parecía acompañar mi estado interior. Me subí al carro y comencé a llorar. Él, esta vez, no me siguió. Tal vez porque no me fui, me quedé estacionada frente a la casa.

La lluvia golpeaba con fuerza las ventanas, y entre más fuerte caía el agua, más fuerte lloraba yo.

Gritaba. Desesperada. Como si con cada lágrima intentara vaciar el dolor acumulado. Observaba la casa con las luces apagadas, la noche tan oscura como mi ánimo. Era un azul marino profun-

do, denso, pesado. Rogaba no sentirme así. Decía en voz alta:
—No he hecho nada malo. Estoy haciendo lo mejor que puedo. No es justo que no me crea.

Me quedé ahí hasta que el cansancio me venció. Apoyé la frente sobre el volante, respiré hondo, como queriendo inhalar fuerza del aire, y regresé a nuestro cuarto. Fue como desahogarme y tomar impulso para seguir. Para seguir ignorando. Para seguir sobreviviendo.

Con el tiempo comencé a notar que él me olía cada vez que llegaba del trabajo. Era una forma de "detectar" si había consumido. Me observaba constantemente. Si no comía, lo tomaba como señal. Y sí, muchas veces comía a la fuerza, solo para que no se diera cuenta. Pero cuando consumía, no tenía apetito. Todo me provocaba náuseas. Me volvía irritable. Me sentía desconectada.

Él seguía actuando raro por las noches. Las discusiones se hacían más frecuentes, más intensas.

La violencia se volvió *silenciosa*, no dejaba huellas, pero sí marcas internas.

Una noche, en medio de una de esas peleas, me dobló la muñeca. Yo intenté defenderme como pude. Tenía miedo de que fuera a más, de no poder protegerme. Con el poco coraje que tenía, lo empujé contra la pared. Le pedí que parara. Lo miré a los ojos. Y algo en mí se encendió. Un fuego de ira. Una fuerza que venía del hartazgo.

Durante unos segundos se hizo el silencio. Mi corazón latía con fuerza. Vi su expresión de sorpresa. Vi su rostro. Y detrás, el viejo tapiz del cuarto. Lo solté. Me fui al carro para calmarme. Necesitaba respirar lejos de él, de todo eso. Manejé unas cuadras, pero pronto me di cuenta de que me estaba siguiendo. Aceleré. Era como una persecución absurda, casi cómica si no fuera tan triste. Sabía que no podía ir muy lejos. Estuvimos así unos veinte minutos, hasta que decidí parar con todo. Regresé a casa.

Entramos en silencio. Nos acostamos y nos dormimos sin hablarnos. Era tan común eso ya... dormir enojados, sin mirarnos. Como si eso fuera lo normal.

Al día siguiente, tomé una decisión, irme con mis hijas. Una vez más. Pero esta vez, más lejos. Pensaba que si no lo veía, si cortaba todo contacto visual o físico, sería más fácil empezar de nuevo. Lo que no sabía —y pronto descubriría— es que él seguiría en mi mente. Tan programado en mí, tan incrustado en mis pensamientos, que no importaba cuán lejos me fuera, él seguiría dentro.

Ese mismo día fui al banco. Saqué todo el dinero que tenía, 800 dólares. Luego pasé a una tienda, compré un par de maletas, regresé a casa y empecé a empacar, ropa, documentos, lo indispensable. Sin mirar atrás, me fui.

Viajé a Pasadena, donde me esperaba Edgar. Había sido mi novio en la adolescencia. Nos reencontramos por Facebook, comenzamos a hablar de nuevo... y en él vi una salida. Una posibilidad. Para mí, en ese momento, fue una especie de salvación.

El camino fue largo. Yo jamás había manejado tanto... y menos sola, con esa carga emocional a cuestas. Tomé la autopista 5, ambas manos firmes en el volante, como si ese gesto fuera lo único que me mantenía en pie. Mis ojos se fijaban en las líneas blancas del asfalto con una concentración absoluta, como si en ellas pudiera encontrar dirección... y consuelo.

Cada vez que pasaba junto a un tráiler enorme, contenía la respiración. Sentía que se me venía encima, como si fuera una metáfora viviente de todo lo que me perseguía. Pero yo seguía. No podía permitirme retroceder.

El viaje fue más que un trayecto, fue una prueba. No solo por la distancia, sino por el miedo, por el peso de la decisión, por todo lo que significaba. Era, sin saberlo del todo, mi primer acto verdadero de libertad.

Paraba cuando podía, para cargar gasolina, para descansar, para respirar. A ratos lloraba en silencio mientras conducía, pero no podía rendirme. Me repetía a mí misma, *Sigue. Solo sigue. Un poco más.*

Hoy, al mirar atrás, sé que ese viaje fue uno de los actos más valientes de toda mi vida. Porque ese día no solo cambié de ciudad. Sin saberlo, comencé a cambiar por dentro.

Mis hijas, aunque no entendían del todo lo que estaba pasando, tampoco me hacían preguntas. Era un viaje nuevo, y en su silencio había una aceptación que me dolía y me sostenía al mismo tiempo. Yo sentía, una vez más, que era el inicio de algo distinto, algo que —esperaba— fuera mejor. Llegué al destino agotada. No había tenido tiempo ni de pensar en lo que estaba haciendo. Solo actué. Edgar me recibió con los brazos abiertos, me presentó a su hermana Él me recibió en su casa, donde vivía con su hermana, Yanet. Me abrieron la puerta con un cariño que no venía acompañado de exigencias ni condiciones. Solo llevaba conmigo dos hijas, un corazón hecho pedazos, y la esperanza —frágil, pero viva— de comenzar diferente.

Edgar en ese momento fue mi salvación, solo habíamos conversado unas cuantas veces, y de pronto, ahí estaba, con la puerta de su casa abierta para mí y mis hijas. Me ofrecieron un techo, comprensión, y lo más importante, un poco de paz. Poco a poco fui acomodándome, intentando adaptarme, tratando de creer que quizás esta vez podría ser diferente. Sin embargo, la adicción seguía ahí, agazapada. Yo seguía consumiendo, de forma más discreta, más silenciosa. Me metía al baño por las noches, cuando todo estaba en calma, y ahí me refugiaba. Casi no dormía. Me pasaba horas llorando sin entender exactamente por qué.

El baño se convirtió en mi único espacio seguro para quebrarme sin ser vista. Era el único lugar donde podía permitirme ser débil sin sentirme juzgada. Con las niñas dormidas, me sentaba en el suelo, me abrazaba las piernas y dejaba que todo lo que venía reprimiendo saliera sin filtros. Había tanto dolor acumulado que ya no podía distinguir qué era lo que más dolía. Pero, a pesar de todo, comencé a moverme. Busqué una nueva escuela para mi hija mayor, inicié el proceso para obtener la custodia legal de mis hijas, y me propuse asistir a un grupo de 12 pasos. Tenía la convicción de que, con el apoyo adecuado, podría reconstruirme.

Entonces llegó esa llamada.

Era del departamento de policía. Me decían que no podía sacar a mi hija fuera del condado sin el consentimiento del padre. Sentí como si me arrancaran el aire del cuerpo. Le expliqué al oficial que ya estaba en proceso de solicitar la custodia, que quería hacer las cosas bien. Pero me pidió que regresara, que no podía permanecer en otra ciudad con ella mientras no estuviera todo legalmente establecido. Colgué con un nudo en la garganta. Me sentí vencida, como si, aún lejos de él, su poder siguiera extendiéndose sobre mí.

Volví a sentirme atrapada. Me preguntaba cómo podía ser posible que, después de haber sobrevivido a tanto, aún tuviera que dar explicaciones por proteger a mis hijas. Recordé con rabia cómo esa noche en que él me agredió y se llevó a la niña, la policía no hizo nada. Me dijeron que debía ir a corte. Que no podían intervenir. Y ahora que yo intentaba salir del ciclo de violencia, me pedían que regresara. Sentí que el sistema me estaba fallando otra vez. Que no importaba lo que hiciera, nunca era suficiente para ser creída, para ser protegida.

No estaba huyendo. No me había llevado a mi hija para separarla de su padre. Lo único que buscaba era estar bien. Intentar un comienzo nuevo, lejos del miedo, del abuso, del dolor. Pero él no lo permitía. No por amor a su hija, sino por el deseo de seguir controlando mi vida. Eso lo comprendí tiempo después, cuando las emociones se asentaron y pude ver todo con más claridad. En ese momento aún dudaba. Aún me culpaba. Me repetía frases suyas como un eco en mi cabeza, "Tú no puedes sin mí", "Nadie te va a querer", "Si te vas, te quito a las niñas." Y yo, con el alma desgastada, todavía me preguntaba si tenía razón.

Entiendo que hoy tengo la responsabilidad de limpiar mi parte, de reconocer mis errores. Comprendo que todo esto que viví, por más doloroso que haya sido, me enseñó que estaba profundamente herida, buscando al menos un poco de sanación en los lugares equivocados. No me quedó de otra más que regresar. Sentía que no podía decir "no", que no podía romper con esa relación. Resignada y aún con la esperanza ingenua de que las cosas mejorarían, volví a casa una vez más.

A Edgar nunca le dije la verdad. Simplemente me fui. Lo dejé sin dar explicaciones, llevándome conmigo toda la vergüenza y la sensación de haber fallado otra vez.

Hoy puedo nombrarlo con fuerza, eso fue sometimiento. Fue manipulación. Fue abuso. No podía trabajar, estudiar, ni siquiera hablar sin que él se sintiera amenazado. Incluso mi consumo, en cierto modo, me convertía en alguien menos manejable. Me hacía atrevida. Me daba una falsa valentía que lo inquietaba. Y ahí estaba la paradoja, en esa lucha por sobrevivir, cualquier intento de autonomía se convertía en motivo de castigo.

El ciclo de la violencia en las relaciones íntimas suele alternar momentos de tensión, explosión y reconciliación, generando en la víctima una falsa sensación de esperanza. Según la psicóloga Lenore Walker, este patrón —identificado como el *Ciclo de la Violencia*— puede generar un vínculo traumático o de dependencia emocional, donde la persona abusada permanece en la relación por miedo, confusión o apego emocional.

Frases como *"Sin mí no vas a poder"* son ejemplos de abuso psicológico. Lundy Bancroft lo explica en su libro *"¿Por qué hace eso?"*, el agresor a menudo se presenta como indispensable, mientras va desmantelando poco a poco la autonomía de la otra persona.

Tal vez no tomé siempre las mejores decisiones. Tal vez actué impulsada por el miedo, por la desesperación. Pero era una muchacha sola, sin guía, sin referentes, sin herramientas. Solo me movía el instinto de supervivencia. Lo único que quería era salir de ahí, proteger a mis hijas, y encontrar, al menos una vez en la vida, un poco de paz.

Terapia Bajo Amenaza

Volver con Víctor fue, más que un regreso, una rendición. Retomé la rutina de siempre, esa que ya conocía de memoria, dejar de trabajar, tratar de evitar conflictos, fingir que todo estaba bien. Me aferraba con fuerza a la idea de que aún había algo que salvar. Que, quizás, si lo intentábamos otra vez, las cosas podrían cambiar. Fue entonces cuando le propuse ir a terapia de pareja. En el fondo, era mi último intento por rescatar algo que ya se desmoronaba. Para mi sorpresa, aceptó.

Las primeras sesiones me devolvieron algo de esperanza. Pensaba que, si nos escuchábamos en un espacio neutral, con alguien que pudiera ayudarnos a comprendernos, quizá lograríamos sanar las heridas. Pero pronto entendí que incluso en los lugares que se suponen seguros, una puede salir más lastimada.

En una de esas sesiones, surgió el tema de la custodia de nuestra hija. Víctor, con total frialdad, dijo que pensaba ir a la corte para pelearla. Alegó que yo no estaba en condiciones de ser madre, que mi pasado con las adicciones me descalificaba.

Sentí cómo el suelo desaparecía bajo mis pies. Las lágrimas comenzaron a caer sin control. Apenas podía respirar, mucho menos articular palabra. Todo dentro de mí se quebraba.

Mis hijas eran lo único que me mantenía en pie. Mi ancla. Mi razón para levantarme cada mañana. ¿Y ahora él pretendía arrebatármelas?

No podía dejar de preguntarme, ¿realmente lo hacía por amor a su hija? ¿O lo movía otra cosa, más oscura, más perversa? ¿Era una manera de castigarme, de asegurarse de que nunca pudiera irme de su vida? Porque si era honesta conmigo misma, yo lo sabía, no era él quien se ocupaba del día a día. Era yo quien velaba por cada detalle, quien estaba en los desvelos, en la comida, en las tareas, en todo. Yo sostenía ese hogar.

Pero ahí estaba, en un consultorio, frente a un consejero que no parecía ver más allá de la superficie. Que solo veía "una mujer con antecedentes de consumo", sin reparar en las formas invisibles de violencia en las que yo vivía sumergida, el control emocional, la manipulación, la constante anulación de mi voz.

Salí de esa sesión como si me hubieran vaciado por dentro. Con la certeza de que ya no podía seguir confiando en ese espacio. Nunca más volví.

Lo que Víctor ejercía puede identificarse como una forma de **violencia vicaria**, una modalidad de violencia de género en la que los hijos son utilizados como herramienta de control, castigo o intimidación hacia la madre. Esta forma de maltrato es especialmente cruel porque ataca directamente el vínculo más profundo, el materno. Según Sonia Vaccaro, psicóloga clínica y forense que acuñó el término, "la violencia vicaria no se dirige contra las mujeres directamente, sino contra sus hijos e hijas, con el objetivo de generar el máximo dolor posible."

Con el paso de los meses, empecé a trabajar nuevamente. Para mí, trabajar siempre había sido una vía de escape, una forma de mantenerme ocupada y, a la vez, de sobrevivir emocionalmente. Pero incluso eso era monitoreado. A veces, al terminar mi jornada, me quedaba unos minutos en el auto, simplemente respirando, posponiendo el regreso a casa. Bastaban cinco minutos para que él comenzara a llamarme. "¿Dónde estás?", "¿A qué hora sales?", "¿Por qué tardas?." Yo respondía, "Estoy en el coche, ya bajo", pero aun así insistía, me presionaba, desconfiaba.

Yo me sentía cansada. Exhausta. Había hecho todo lo que creía que podía hacer para salir de ahí, pero nada funcionaba. Todo lo que intentaba parecía desvanecerse. Cada vez me sentía más apagada. Funcionaba en automático, cumpliendo rutinas, fingiendo normalidad.

En casa, jamás volvimos a hablar del tema de la custodia. Luego nos mudamos a una casa más grande, con más espacio para las niñas. En teoría, era una buena noticia, pagaríamos menos renta, y tendríamos más comodidad. Pero, como todo en esa relación, la ilusión duraba poco.

Fue durante ese tiempo cuando conocí a Roberto, de quien hablé al comienzo de este relato. Él, sin saberlo, fue uno de mis más grandes maestros. Un joven recién llegado de México, de apenas 18 años, que vivía con su tío Isidro. Lo conocí en medio del caos. Y gracias a una fuerte discusión con Víctor, logré, por fin, romper esa relación.

Yo ya estaba al límite.

Víctor había empezado a beber con más frecuencia, y no dudaba que también estuviera consumiendo. Su comportamiento se volvió errático, impredecible. Pasaba de la calma al enojo sin motivo aparente, y cualquier palabra podía encender una discusión. Las peleas se hicieron parte del paisaje cotidiano, y cada vez eran más intensas, más peligrosas.

En una de esas ocasiones, se fue de la casa. Pero no era realmente una ausencia. Por las noches, sin que yo lo supiera, se metía a escondidas mientras dormía. Al principio lo intuía, lo sentía en cosas pequeñas, un objeto fuera de lugar, un aroma, una sombra en la habitación. Luego, lo confirmé.

En ese tiempo yo trabajaba mucho, casi sin descanso. Me aferraba al trabajo como a una cuerda de supervivencia, intentando ahorrar lo poco que podía, como si una parte de mí —la más intuitiva, la más cansada— ya supiera que el final estaba cerca. Era como si algo dentro de mí se estuviera preparando, lentamente, para irse.

Cuando hablábamos sobre las visitas con nuestra hija, cada encuentro se convertía en una nueva herida. No perdía oportunidad para humillarme. Me recordaba, con voz dura y burlona, "la drogadicta que eras." Usaba mis errores pasados como armas, lanzándolos una y otra vez para mantenerme donde quería, abajo.

Un día comenzó a grabarme. Recuerdo ese momento con una mezcla de rabia y vergüenza. Yo estaba dentro de la troca; él, afuera, sosteniendo a nuestra hija mientras apuntaba su teléfono hacia mí. Me filmaba mientras me lanzaba preguntas llenas de veneno, con quién me acostaba, a quién iba a usar para reemplazarlo. Cada palabra era una herida. Cada grabación, una forma nueva de control.

En esa etapa, trabajaba con dos compañeros, José y Javier. No eran mis confidentes, pero sí una compañía humana en medio del caos. Me escuchaban sin juzgar, me hacían reír a ratos, y con eso ya bastaba para no sentirme completamente sola. Pero esta vez no quería apoyarme en nadie. No quería repetir el patrón de buscar salvadores. No quería volver a aferrarme a otro hombre como tabla de rescate. Quería, por fin, salir de ese infierno por mis propios medios.

Sin embargo, la presencia de Víctor se volvió más densa, más siniestra. Por más que aseguraba puertas y ventanas, encontraba formas de entrar. Lo sabía porque cada mañana algo estaba fuera de lugar, una ventana abierta, una prenda movida, una sensación indescriptible en el cuerpo.

Años después, al revisar viejos dispositivos, confirmé mis sospechas. Había videos en los que aparecía él, tocándome mientras dormía.

Una de esas noches, desperté y lo vi. Estaba parado frente a mi cama, mirándome en silencio.

Le pedí que se fuera. No gritaba. Solo lo dije con el poco aire que me quedaba. Estaba agotada, sin fuerzas, cansada de no poder librarme de él, cansada de no tener descanso... ni siquiera en mis sueños.

En ese tiempo no lo entendía, pero hoy sé que, la violencia sexual dentro de la pareja —incluidos los actos no consentidos durante el sueño o sin el consentimiento libre y consciente de la persona— es una forma de violencia reconocida por organismos internacionales como la Organización Mundial de la Salud y la Comisión Interamericana de Derechos Humanos. Se considera violencia sexual incluso cuando existe una relación afectiva o convivencia, ya que el consentimiento debe ser siempre libre, claro y continuo.

"El hecho de que exista una relación íntima no implica automáticamente consentimiento. Toda persona tiene derecho a decidir sobre su cuerpo, incluso dentro del matrimonio o la convivencia" (OMS, 2013; CIDH, 2015).

La violencia fue incrementando poco a poco; recuerdo claramente nuestro último encuentro violento. Fue ahí donde todo cambió para mí. Ese día llegó por Ali y yo estaba en el cuarto de las niñas. La tomó en brazos y empezó a revisar la casa. Encontró mi lonchera en el clóset. Dentro había una cerveza. Estaba limpia, ese día no había consumido nada, pero para él fue suficiente. Me la mostró como si hubiera encontrado una prueba irrefutable de mi ruina.

Mientras sostenía a nuestra hija, me amenazaba con llevársela. Yo, desesperada, le pedía que por favor no la pusiera en medio de todo esto. Pero no escuchaba. Como siempre, usó su violencia silenciosa, me dobló las muñecas. Traté de defenderme como pude, pero era inútil. Mi hija comenzó a llorar en medio de esa escena aterradora.

En ese momento llegó su hermano, Maurilio. Abrió la puerta. Víctor estaba cerca, y de pronto, sin aviso, me empujaron. Caí al piso. Cuando intenté incorporarme, Víctor me pateó el hombro derecho con una brutalidad que no solo dolió físicamente, sino que me atravesó el alma. En su rostro vi algo más que furia. Vi odio. Esa patada fue distinta. No fue solo violencia, fue desprecio. Fue como si quisiera enterrarme en el piso y asegurarse de que no me levantara jamás. Luego los dos salieron y cerraron la puerta. Me sentí devastada, derrotada. Esa fue la gota que colmó el vaso. No solo era Víctor, ahora también su hermano estaba involucrado. Vivíamos en la misma casa, y yo sabía que nada cambiaría si seguía ahí.

Así que hice lo que nunca me había atrevido a hacer con tanta claridad, llamé a la policía. Ya no quería seguir callando. Solo deseaba sentirme segura. Había dos hombres haciéndome sentir completamente vulnerable, y estaba cansada, harta de todo. Esta vez, decidida, aposté por mí. Y por mis hijas.

Cuando los policías llegaron, sentí algo diferente. Me escucharon, me creyeron. Validaron mi miedo, mi dolor. Eso me dio un poco de paz. Tal vez, solo tal vez, esta pesadilla estaba por terminar. Comenzaron a buscar en el área. En medio del operativo, Maurilio regresó para hablar con ellos y tratar de dar su versión. Yo estaba en la cocina, sentada en un banco de madera. Había cuatro policías a mi alrededor. Algunos entraban y salían de la casa, otros simplemente me hacían guardia.

Uno de los oficiales se acercó y me entregó mi identificación. Yo no sabía que no la tenía; pensaba que estaba guardada con mis documentos. El oficial me dijo, "Tu cuñado la traía... ¿quieres levantar cargos porque te empujó?". Me quedé mirando mi identificación. Hubo un silencio largo, tenso. En mi cabeza solo pensaba, *¿Qué más me puede pasar si no me defiendo ahora?*

Sabía que estaban furiosos conmigo por haberlos expuesto. Pero también sabía que si no actuaba en ese momento, nunca lograría liberarme. Por primera vez, con miedo y temblor en la voz, pero con convicción, dije, "Sí, quiero levantar cargos."

Y esa decisión lo cambió todo. Arrestaron a Maurilio, pero Víctor se dio a la fuga. Por fin, después de tanto dolor, estaba haciendo algo por mí. Por mis hijas. Por nuestra libertad.

Mientras, yo seguía sentada en la cocina, sostenía mi identificación entre las manos. El oficial salió y dio la orden de arresto. Afuera, en la entrada principal, tenían a mi cuñado detenido, entrevistándolo por separado. Yo no lo veía, pero sabía que estaba allí. Era como un juego de ida y vuelta, los oficiales entraban y salían de la casa, trayendo y llevando información. En medio de todo eso, mi mente estaba nublada por la preocupación. Víctor seguía sin ser detenido y, aunque lo estaban buscando, su hermano nunca reveló su paradero. Las declaraciones no coincidían; era como lanzar una moneda al aire y esperar a ver a quién le creían.

Entrevistaron a mi hija mayor. Afortunadamente, no presenció la agresión, pero sí escuchó los gritos y los llantos de su hermana. Me contó que estaba afuera jugando cuando todo comenzó. Al escuchar el alboroto y ver a Víctor y su hermano salir corriendo, entró de inmediato a la casa, corrió al cuarto y sacó a su hermana pequeña para calmarla en otra habitación. En ese momento, dentro del caos, mi mente se enfocó por completo en la urgencia de la situación. A pesar de que mis hijas estaban ahí, rodeadas de policías, lo único que podía pensar era en que esto terminara de una vez por todas. Quería que se acabara. Que no volvieran a hacernos daño.

Fue como si una parte de mí se desconectara momentáneamente de todo lo demás. Mis pensamientos se centraron en asegurarme de que Víctor no regresara. Con su hermano ya arrestado y él prófugo, me sentía extremadamente vulnerable. Aun así, logré mantenerme firme. Los policías me ofrecieron llevarme al hospital, pero yo no quise ir. Solo deseaba que aquello terminara.

Un oficial regresó con una orden de alejamiento. No lo esperaba, pero la firmé sin dudar. Ese papel representaba el cierre definitivo de un capítulo de horror. Sabía que con esa orden, Víctor ya no podría acercarse a mí, ni a mis hijas, ni a nuestra casa. Era el final. Un final que había esperado por tanto tiempo.

En ese momento apareció Roberto. Me miró con preocupación y me preguntó, "¿Estás bien?." Yo tenía los ojos hinchados, el cabello desordenado, la cara marcada por la vergüenza y el agotamiento, pero logré responder con un débil "sí." Su pregunta, sencilla y humana, me conmovió profundamente. En medio de tanto caos, que alguien se tomara el tiempo de preguntarme si estaba bien fue como un pequeño bálsamo. Sentí ternura. Sentí que alguien me veía, que alguien sentía empatía por mí.

A pesar de que seguía sintiéndome amenazada y con el temor de haber expuesto demasiado de mi vida, esa noche algo cambió. Los policías comenzaron a salir uno a uno de la casa. Uno de ellos se detuvo a mi lado antes de irse y me dijo que continuarían buscando a Víctor. Luego se marcharon. La casa quedó en silencio. Y en ese silencio, por primera vez en mucho tiempo, comencé a sentir que tal vez, solo tal vez, todo iba a estar bien.

Me metí en mi cuarto y solo quería envolverme en un caparazón invisible, apretarme bajo la cobija como si fuera un escudo contra el mundo. Me acosté en la cama, me tapé de pies a cabeza y seguí llorando. Había terminado, pero las cicatrices estaban ahí, abiertas, doliendo como si algo dentro de mí aún temiera que todo continuara. La noche se prolongaba, y con cada sombra esperaba que él regresara. Me dormía entre suspiros, asustada.

Acomodé a mis pequeñas en su cuarto sin explicarles nada. En ese instante, solo era una mamá que sobrevivía día a día, que luchaba por mantenerlas a salvo, que anhelaba que ya no tuviéramos que vivir con temor. Respiré hondo y llegué a creer que, por fin, podíamos estar tranquilas.

A la mañana siguiente desperté con una pesadez en el alma, un peso que me decía, *esto no fue un sueño funesto, esto es real*. Me sentía sola, más que nunca. Ya no era una niña, y ahora tenía dos niñas que dependían por completo de mí. Y el miedo se colaba en mis pensamientos, preguntándome si sería capaz de darles un lugar seguro, si encontraría un trabajo que nos sostuviera, si sabría mantenerlas verdaderamente.

Con el corazón hecho trizas, llegué a mi trabajo ese día. Caminé en silencio, con los ojos hinchados de tanto llorar. Lloraba en ratos, en pequeños espasmos, mientras las lágrimas bajaban silenciosas por mis mejillas. Me sentía sumida en una depresión tenue, un peso constante que me encadenaba emocionalmente a no querer hacer nada... y al mismo tiempo, impulsada por una urgencia vital, debía seguir, porque tenía un hogar que sostener.

Ese día, por primera vez en mucho tiempo, entendí que ya no podía quedarme paralizada. Porque, aunque el dolor fuera inmenso, tenía dos motivos más poderosos que ese dolor, mis hijas. Y mientras estuviéramos juntas, mirándome a los ojos, necesitaban ver en mí la promesa de que todo estaría bien, que estábamos a salvo, aunque nada fuera lo mismo.

Para entonces ya estaba harta del ciclo. Harta del miedo. Y, sobre todo, harta de él. A veces creo que no le di el peso que tuvo en su momento. Pero fue crucial. Hoy pienso que quizá él también consumía. En ese tiempo, yo solo notaba su recaída en el alcohol, pero ahora, con distancia, veo señales que antes ignoraba, su obsesión por controlarme, su paranoia, sus celos enfermizos, su necesidad de inspeccionar todo. Él sabía que tenía escondido *mi clavo*, ya fuera de cerveza o de droga, y buscaba provocarme. Actitudes típicas de alguien que también lidia con una adicción.

Quizás nunca lo supe del todo. Quizás sí lo supe y no quería aceptarlo. Pero hoy reconozco que ese descontrol no venía solo de mí. Los dos estábamos quebrados, pero él eligió lastimar. Y yo, finalmente, elegí no regresar.

El miedo También Espera

Los días se volvieron una mezcla asfixiante de incertidumbre y angustia. Víctor seguía libre, sin dar señales, y yo vivía atrapada en la espera, en ese limbo donde nada cambia, pero todo duele. El oficial que llevaba mi caso me llamaba con frecuencia. Su voz era siempre la misma, firme, mecánica. Me preguntaba si lo había visto, si se había comunicado conmigo. Y mi respuesta también era la misma, "No, señor."

Le conté que recibía llamadas de números desconocidos, que no me atrevía a contestarlas por miedo a que fuera él. Temía que buscara convencerme, manipularme, pedirme que retirara los cargos contra su hermano. Fue entonces cuando tomé una decisión crucial, aplicar el **contacto cero**.

No fue fácil. Pero comprendí que cortar todo tipo de comunicación, incluso indirecta, era necesario para protegerme. El "contacto cero" no es solo dejar de hablar con alguien. Es dejar de justificarlo, de buscar excusas, de espiar sus redes sociales, de engancharse con cada provocación o promesa. Es un acto de amor propio. Es una barrera emocional y física frente al maltrato, frente al ciclo de manipulación que tanto desgasta.

Como explican especialistas en violencia de pareja, se trata de una herramienta poderosa para comenzar el proceso de desintoxicación emocional, para romper con la dependencia traumática, y poder comenzar a reconstruirse desde el silencio y la distancia.

El "contacto cero" es una estrategia ampliamente recomendada por especialistas en salud mental para personas que han vivido relaciones con dinámicas abusivas o manipuladoras. Según la psicóloga clínica Silvia Congost, es una herramienta esencial para romper vínculos tóxicos y comenzar a recuperar la autonomía emocional (Congost, S. "Cuando amar demasiado es depender", Editorial Zenith, 2018).

Yo me aferré a esa idea. Lo necesitaba. Dejar que la policía se encargara. Ponerle límites, aunque fueran invisibles. Pero la espera... esa espera me consumía. Vivía con el corazón en un puño, con la ansiedad como compañera silenciosa, con un zumbido constante en el pecho que me impedía creer que algo, realmente, fuera a cambiar.

Las semanas pasaron en ese estado de alerta. Hasta que, catorce días después, el teléfono volvió a sonar. Era una tarde cualquiera. Estaba en el cuarto de mis hijas, acomodando las camas después de llegar del trabajo. La rutina de siempre, limpiar, guardar, fingir normalidad. Respondí. Era el oficial.

—¿Lo has visto? ¿Se ha comunicado contigo?

Volví a responder lo de siempre,
—No.

Y entonces, sin transición, soltó la frase que me congeló por dentro:
—Vamos a cerrar el caso.

Me quedé paralizada. Mis ojos fijos en la alfombra beige, la respiración entrecortada.

—¿Cerrar el caso?—, pregunté, como si no lo hubiera entendido bien.

—Sí. Solo tenemos un plazo de dos semanas para localizarlo. Hasta entonces, la orden de protección se mantiene. Pero después... ya no podemos hacer nada.

No supe qué decir. Balbuceé un — no es justo—, murmuré un "gracias... adiós", y colgué.

Lloré.

Lloré en silencio, como tantas veces antes. No era una explosión de dolor, era una caída lenta, resignada. Una más. Porque esa era la sensación, que, otra vez, me quedaba sola. Otra vez, la justicia no llegaba. Mis noches se convirtieron en vigilias. Cada sombra, cada ruido, cada crujido del piso al anochecer, era una posibilidad, la de su regreso. Pero la vida no se detuvo. Había que seguir. Por mis hijas. Por mí.

Entonces, con lo poco que tenía, comencé a construir. A tomar decisiones pequeñas, pero firmes. A ahorrar. A pensar en un fondo para no volver a depender, para no quedarme sin salida cuando el ánimo se cayera. Y, sobre todo, decidí prepararme para lo que nunca me había permitido, estar sola. Estar firme y despierta.

El contacto cero dio sus frutos. Aunque el vacío y los silencios eran incómodos, empecé a sentirme más fuerte. Cada día sentía menos ese peso de su voz reprochándome por ser insuficiente, débil, mala madre. Había oído esa misma letanía durante tanto tiempo que silenciarla fue un acto de rebelión.

Reconocí mi responsabilidad también, yo había sido cómplice al callar, al permitir el abuso, al justificar su violencia. Mi confianza estaba tan fracturada que cuando intenté pedir ayuda antes, fui herida y decepcionada nuevamente. Pero hoy, esa decepción me ponía de pie. Aunque no era fácil, esa misma conciencia se convirtió en el motor para reconstruirme. Porque ya no quería repetir la historia. Ya no quería vivir controlada por el miedo.

Las circunstancias me guiaron hacia mi liberación de esa relación tóxica. Sin embargo, algunas noches la nostalgia me invadía, soñaba con volver, con esa ilusión vacía de una familia completa, esa misma que creía me esperaba al final del camino con él, aunque sabía en el fondo que estaba muy lejos de mi realidad.

Pasaron varias semanas hasta que un día recibí una llamada del Departamento de Servicios para Niños, derivada de la denuncia policial. Querían asegurarse de que mis hijas estuvieran bien. Me ofrecí a colaborar; no quería perderlas y, en ese momento, su bienestar se convirtió en mi fuerza más sólida. Me recordaron que permitiendo la exposición de mis hijas a la violencia era también una forma de abuso. Al principio lo sentí como una amenaza, pero comprendí que era una herramienta poderosa para protegerlas de regresar a ese entorno. Su protección se convirtió en el eje de mi determinación.

Me mandaron a pruebas de drogas. Yo seguía consumiendo y estaba aterrada y me preguntaba si me quitarían a mis hijas. El día del análisis llegué tensa, con el corazón a mil. Los resultados resultaron positivos. De golpe me sentí al borde del precipicio. Pero en lugar de perderlo todo, me asignaron una clase grupal y una trabajadora social para mi caso. En mi primera cita, me abrí completamente. Admití mi adicción y sentí un alivio inmediato. Fueron dos meses intensos, y aunque parecía poco tiempo, terminé el programa y las visitas del departamento continuaron hasta que finalmente cerraron el caso.

Durante ese periodo, mi principal preocupación fue la salud de mi hija menor. Le habían detectado un soplo en el corazón y retraso en su lenguaje. Los exámenes mostraban que el corazón pronto sanaría, pero necesitaba atención y terapia. Llevaba días de trabajo para acompañarla a citas, pero no importaba, ser madre soltera significaba renunciar a la pausa. No existían segundas oportunidades para descansar, pero ver cómo mejoraba lo valía todo. Poco a poco, la salud de mi hija mejoró. El soplo desapareció, su vocabulario creció, y los exámenes auditivos fueron normales. Con ese impulso de esperanza, decidí luchar por la custodia.

Presenté la solicitud y llegó el primer día en corte. Víctor no apareció. Estuve acompañada por alguien del tribunal. Mis manos temblaban, sudaban. El lugar estaba lleno, y mi mente retumbaba, *¿podré lograrlo?* Todo parecía un azar, como lanzar una moneda al aire.

Luego vino la segunda audiencia. Me acompañó mi amigo Javier. Cuando Víctor llegó con su abogado, me invadió una mezcla de miedo e incomodidad. Además, apareció acompañado por otra mujer, una prueba más de su manipulación emocional. Afirmaba que yo había terminado la relación porque estaba con alguien más; le sirvió verme con Javier para justificarlo. Pero Javier estaba simplemente ahí como apoyo, para asegurarse de que yo no estuviera sola.

La sesión con el mediador fue clara, abrí la puerta a que él tuviera visitas, con un acuerdo de custodia compartida al 50 %. Estuvimos los dos de acuerdo. Establecimos fechas y horarios y definimos que alguien recogería a nuestra hija, para evitar cualquier contacto directo entre él y yo. Fue un paso significativo hacia un nuevo modelo de familia, en el que la seguridad y el cuidado de mis hijas prevalecían.

Salimos de la corte con mi amigo Javier. Al subir a mi carro, vi a Víctor saliendo apresuradamente. Su expresión mostraba enojo, no alegría. Detrás, caminaba su novia, con una mirada que denotaba tensión. Pude ver que no estaba feliz, aunque en teoría habría apropiación, verlo después de meses, con su nueva compañía. Me sentí extrañamente aliviada por la distancia, pero también herida por la rapidez con que había sido reemplazada. En ese momento entendí que no había vuelta atrás.

Al día siguiente llegó la hora de la visita de nuestra hija. Ella, de apenas dos años, me esperaba en brazos. Cuando llegó la novia de Víctor a recogerla, se expuso un escenario inesperado, la extraña se acercó, me pidió amablemente que le diera a mi hija, pero ella se negó. Su llanto fue una respuesta clara. Era el reflejo de un niño pequeño, con miedo frente a la desconocida que la venía a llevar. Y aunque yo también sentía que se le estaba negando un lazo, sabía que era el acuerdo, ese día tenía que irse con su padre.

Verla partir con lágrimas me rompió el corazón. No era solo por ella, era por todas las veces que me había cuestionado si estaba tomando la decisión correcta. En ese instante comprendí que esa separación no era solo legal, sino también emocional. Era exponer a mis hijos a una transición difícil, y aún así sabía que era lo mejor para nuestro futuro fuera del caos que vivíamos.

Esa mezcla abrupta de orgullo por haber llegado hasta allí, con la impotencia de verla llorar, me dejó llena de una tristeza serena. No era el final feliz que soñé, pero era un paso necesario. Aunque ese momento me dolió con fuerza, era también la prueba de que mi vida, ahora diferente, había comenzado de verdad. Mis hijas estaban a salvo, y yo estaba más presente que nunca.

A veces venía por ella, pero no como se había acordado en la corte. Lo hacía cuando podía, o cuando quería. En ese momento, ya no me afectaba tanto la presencia de Víctor, aunque en realidad yo extrañaba mucho a mi hija cuando no estaba. Sin embargo, al verla regresar después de estar con su papá, y notarla contenta, todo parecía ir bien.

Llegó el día de la siguiente audiencia en la corte. Fui nuevamente, con los nervios a flor de piel. Solo el hecho de pensar en verlo me provocaba ansiedad. La sala estaba casi vacía cuando me tocó pasar; fui de las últimas. Estaban presentes el juez, el abogado de Víctor, los intérpretes… pero Víctor no había llegado. Me sentía en desventaja, sin abogado, con esa sensación de que iba a perderlo todo por no tener recursos.

El juez le preguntó al abogado por qué su cliente no estaba presente. El abogado respondió que lo desconocía. Yo, mientras tanto, me mantenía en la puerta, esperando que él apareciera.

El juez me miró directamente a los ojos y me preguntó, "¿Qué quieres hacer?." Esa pregunta me tomó por sorpresa. No supe qué contestar. Después de un breve silencio, respondí lo primero que me salió del corazón, "No lo sé, señor juez."

Mi corazón latía con fuerza. Pude ver a la secretaria escribiendo detrás de su escritorio de madera, a los guardias en silencio, y sentí cómo todo en la sala se detenía por un momento. Entonces, el juez habló, "Tienes la custodia completa de tu hija. El padre podrá verla solo si hace la solicitud al programa de visitas supervisadas. Ellos se comunicarán contigo en caso de que eso suceda. Tú no tendrás que gestionar nada."

Me quedé en silencio, sin saber si reír o llorar. Había ganado. Contra todo pronóstico, la custodia era mía. Yo estaba dispuesta a compartirla, no quería separarla de su padre, pero al menos ahora todo sería más organizado y seguro.

Pasaron los meses y él nunca solicitó visitas. Pagaba lo que quería y cuando quería de la manutención. Eso me molestaba profundamente. Toda la carga estaba sobre mí. Mientras trabajaba, debía pagar niñera, cubrir cada necesidad de mi hija. Y encima, seguía bajo el escrutinio del Departamento de Servicios para Niños.

Todo recaía sobre mis hombros. Como madre, tenía que hacerlo sí o sí. Ella solo me tenía a mí.

Pero ser madre en soledad duele. Nos enseñan a no quejarnos, a aguantar. Nos hacen sentir que si fracasamos es culpa nuestra. Que si lo elegimos mal, debemos cargar con las consecuencias. ¿Por qué él podía elegir no cuidar, no visitar, no mantener? ¿Por qué ellos pueden paternar a ratos, y sin culpa?

Mi maternidad sin apoyo se veía como un fracaso. Como me decía mi padre, "Ya fracasaste una vez, y lo haces de nuevo." Así me sentía, fracasada en todo. Nada de lo que hacía parecía dar frutos. Yo solo quería tener una familia, eso, para mí, era no fracasar. Quería tenerla a la fuerza, para sentir que valía algo.

Pero cada vez que lo retenía o lo buscaba con desesperación, me perdía a mí misma.

Para fines de ese año, todo parecía marchar bien. La trabajadora social había cerrado mi caso, ya había terminado el programa de adicción, y tenía un pequeño ahorro para pasar el invierno sin preocuparme. Mi vida, lejos del caos de antes, parecía ir tomando rumbo. Sin embargo, fue un fin de año difícil. Me sentía sola, como si viviera una Navidad en completo silencio emocional. A pesar de tener dinero ahorrado, sentía que debía seguir trabajando para poder mantenerme firme durante los meses más duros, especialmente porque la mayoría de los trabajos del campo paraban durante el invierno.

Cuando en mi trabajo nos enviaron a descansar, me ofrecieron la oportunidad de recontratarme para una nueva tarea, triar marihuana. La propuesta me generó un dilema inmediato. ¿Aceptar o rechazar? Sentía que no tenía margen de decisión. Mis hijas dependían de mí, y no podía darme el lujo de decir que no.

El primer día fui con miedo. Me sentía insegura, invadida por una culpa sorda que me decía que estaba cruzando una línea. Una parte de mí creía que estaba haciendo algo indebido, pero otra —la que tenía que alimentar bocas, pagar cuentas, sostener una vida— entendía que, económicamente, ese trabajo era mi tabla de salvación.

El pago era justo, incluso bueno. Y eso, aunque solo durara unas semanas, me dio la oportunidad de guardar lo suficiente para sobrevivir el invierno. Por primera vez en mucho tiempo, sentí que lo había logrado por mi cuenta. Sin depender de nadie. Sin estar atrapada en una relación destructiva. La vida me había empujado con fuerza, sí, pero yo había resistido. Por fin, había salido de ahí.

Todo marchaba mejor. O eso parecía.

Pero había algo que aún no podía soltar del todo, la dependencia al cristal. Aunque me sentía libre, en control, funcional... la adicción seguía ahí, silenciosa, aferrada a mí. Me convencía de que todo estaba bien porque trabajaba, porque cumplía con mis hijas, porque no era "una adicta cualquiera." Pero cada día estaba más atrapada en esa rutina disfrazada de normalidad. Más enganchada.

Fue en ese periodo cuando comenzó mi relación con Roberto. Como conté al inicio, él y yo compartíamos la sala de la casa donde vivíamos. Recuerdo claramente cómo arrullaba a mi hija menor, que tenía apenas dos años. Había algo en su ternura, en su forma de mirarla, que me conmovía profundamente. A pesar de su juventud —él tenía 18 y yo 23—, lo notaba maduro, con una paciencia que no esperaba.

No hubo un "noviazgo" como tal. Compartíamos techo, sí, pero cada quien dormía en su cuarto. Poco a poco, entre gestos cotidianos y la compañía constante, nació algo. Una relación que no necesitó palabras formales para hacerse presente.

Mientras tanto, mi consumo se intensificaba. Empecé a consumir casi todos los días. Para mí, consumir era una especie de descanso emocional, una pausa. Me daba la ilusión de control, aunque por dentro me estuviera desmoronando.

Mi conecta en ese tiempo era Diana. Cada vez que iba por mi "veinte" —una bolsita de cristal—, solía quedarme un rato con ella a loquear. Recuerdo una noche en particular, una de esas donde la ansiedad me apretaba el pecho y el impulso por consumir era más fuerte que cualquier promesa. Esa noche, como de costumbre, le escribí por mensaje. Ella tenía cámaras afuera y me abrió la puerta tan pronto llegué. Me llevó directo a su cuarto, sorprendentemente limpio y ordenado para ser el espacio de una conecta. Había una cama matrimonial donde me senté con confianza. Sabía cómo funcionaba el intercambio.

Entonces, sacó una pipa de vidrio, brillante, translúcida. Le metió cristal, y en ese momento algo cambió. Hasta entonces yo solo había inhalado. Fumar, así, era nuevo. Me ofreció. Le dije que no sabía cómo hacerlo. No respondió con palabras. Solo me miró, larga y profundamente.

Luego absorbió el humo y, acercándose con lentitud, me lo sopló en la boca. Sus labios tocaron los míos. Yo inhalé.

Y sentí algo distinto.

Ese humo denso, caliente, y blanco, se instaló en mis pulmones de una forma que me alteró por dentro. No solté la pipa después de eso. Algo se encendió. Algo que no sabía cómo apagar. Con Diana también apareció otra curiosidad, el vínculo con una mujer. No pasó de algunos besos, de momentos compartidos entre humo y palabras sueltas. Pero esa experiencia me removió profundamente. Me hizo cuestionarme muchas cosas sobre mí misma, sobre mi historia. Sobre la manera en que siempre estaba buscando afecto, pertenencia, y refugio.

El consumo, el deseo, el consuelo... todo se entrelazaba. Lo que parecía un instante de evasión era, en realidad, otra forma —disfrazada, silenciosa— de seguir buscando eso que siempre me había hecho falta, afecto, pertenencia, alivio.

Hasta este punto el estrago físico que conlleva inhalar el cristal me limitaba la cantidad del consumo, pero el fumarlo no requiere de desgaste físico y esto hizo que el hábito se convirtiera en rutina. A partir de entonces, comencé a fumar todos los días. No pensaba dejarlo. En mi mente, seguía creyendo que tenía el control. Mientras cumpliera con mis responsabilidades, mientras nadie "saliera afectado", me convencía de que no había problema. Me engañaba diciendo que podía con todo, que esta vez no me tragaría el abismo.

Poco después, comencé incluso a fumar frente a Roberto. Él se mostraba sorprendido, me miraba en silencio, pero nunca decía nada. Parecía no juzgarme. O tal vez no sabía cómo hacerlo. Yo, por dentro, interpretaba su silencio como aceptación.

Era fin de año. No trabajaba. Tenía tiempo libre. Fumaba sin límite, sin pausa, sin culpa. Y mientras tanto, esa nueva relación con Roberto comenzaba a tomar forma. Era una etapa extraña, placentera en apariencia, una especie de respiro, un falso oasis donde, por un breve momento, todo parecía tranquilo. Pero incluso los espejismos terminan por desvanecerse.

Porque siempre hay un "pero." Y el cristal no iba a ser la excepción conmigo.

Según el Dr. Gabor Maté, médico y autor de *En el reino de los fantasmas hambrientos*, "Uno de los mecanismos más poderosos de la adicción es la ilusión de control. El adicto no ve el caos, solo el alivio momentáneo. Mientras haya una dosis de placer, se niega el costo emocional y físico que se acumula debajo de la superficie."

Fue entonces cuando sentí que la droga me hablaba, no con palabras, sino con presencia. Como si me esperara. Como si me dijera con voz baja y certera:

> *"¿Volviste? Bienvenida. Agárrate fuerte. Esta vez, no pienso soltarte tan fácil. Esta será una pelea entre tú y yo... y la voy a ganar. Tu vida, esa que apenas sostienes, me pertenece. Yo sí sabré qué hacer con ella. Yo la quiero."*

Y así, con ese susurro apenas audible —que bien pudo haber salido de mi propia conciencia o de esos miedos que aprendí a callar—, supe que estaba al borde de algo. No sabía si era un nuevo descenso... o una elección distinta. Solo sentía el temblor sutil de lo inevitable acercándose.

Todavía no lo entendía, pero lo presentía.

Ese momento, como tantos otros, estaba envuelto en una bruma de falsa calma. Porque en la adicción, los umbrales no siempre se anuncian con estruendo. A veces llegan como un suspiro, como una decisión pequeña que abre la puerta a un abismo.

Persiguiendo el Dragon

Llegó la Navidad y, al menos ese día, no consumí. Mi papá pasó por mí para reunirnos en casa de mi hermana Yobana. Por dentro, me costaba sostenerme emocionalmente. Era la primera Navidad sin el papá de mi hija, y aunque estar con mi familia debía ser algo bueno, para mí representaba otra prueba más de lo que sentía como un fracaso. Esa palabra —"fracaso"— era muy pesada para mí. Me aplastaba el pecho cada vez que la pensaba.

Llegamos a su casita y comenzamos a cenar. Todo parecía tranquilo hasta que surgió el tema de Víctor. Le conté a mi hermana sobre la corte, la custodia de mi hija, lo complicado que todo había sido. Me puse muy sentimental. Para esa hora ya estaba tomando un trago de licor y sentía que las emociones comenzaban a salir sin filtro. Entonces, mi papá lanzó un comentario que me rompió por dentro, "No te pongas así, él ya está con otra, muy contento. Yo pienso que estás celosa."

Ese comentario fue un detonante. Las lágrimas comenzaron a caerme sin poder contenerlas. Salí al patio, me senté en una banca y me dejé caer emocionalmente. El comedor quedó en silencio. Mi papá se quedó adentro. Yo lloraba sola en la oscuridad. Y sí, en el fondo sabía que tenía razón. Me dolía admitirlo, pero me sentía reemplazada. Más aún porque había sido tan pronto. Yo también había comenzado otra relación, sí, pero al menos me había dado un tiempo.

De pronto, mi hermana salió al patio y se sentó junto a mí. No dijo nada. Solo me acompañó. Su silencio fue más valioso que mil palabras. En ese momento no necesitaba explicaciones ni consejos, solo saber que no estaba completamente sola. Y eso, en medio de todo lo que estaba viviendo, fue un alivio.

Pasado un tiempo, logré tranquilizarme. Ya con todo lo vivido en tensión, decidí despedirme y pedirle a mi papá que nos fuéramos. Nos despedimos, subí a mis hijas al coche y, durante todo el camino de regreso, reinó un silencio pesado. Al llegar a casa, me despedí de mi papá sin mencionar nada más. Creo que esa fue la última vez que él hizo un comentario que realmente me hirió.

El fin de año estaba cerca y, sin darme cuenta, yo iba entrando en un vacío existencial cada vez más profundo. Fumaba con más frecuencia, día y noche, sin siquiera notarlo. La rutina comenzó a desmoronarse, tenía la responsabilidad de llevar a mi hija mayor a la escuela, pero siempre llegábamos tarde porque me costaba demasiado levantarme temprano; me dormía muy tarde por las noches, consumiendo, desconectada de todo.

Vivía sumergida en una depresión tan fuerte que me sentía vacía, sin ganas de nada. Solo deseaba fumar. Era lo primero que hacía al despertar, encender la pipa para poder tener la mínima energía de levantarme de la cama y funcionar durante el día.

Llegó el 31 de diciembre. Ese día, lejos de celebraciones, me quedé en mi cuarto fumando. Javier, mi amigo, pasó a visitarme y me dejó una caja de cervezas. Me saludó con un, *"¿Cómo estás?"* Yo, con la voz apagada, apenas respondí, *"Bien..."* mientras encendía la pipa de cristal. Recuerdo su mirada; reflejaba claramente el estado en el que yo me encontraba. Saludó a mi hija y se marchó.

Me quedé sentada en la cama, abrí la caja de cervezas y comencé a beber una tras otra... hasta que me quedé dormida. Eso sí, antes de perderme, me aseguré de acostar a mis hijas, de que estuvieran seguras y dormidas. Era lo único que me daba un mínimo de paz.

Al día siguiente, me despertó un ruido. Entre sueños, volteé hacia mi derecha y vi a mi bebé de apenas dos años. Estaba jugando con las botellas vacías, agachada, casi sentada frente a la caja, acomodándolas como si fueran piezas de un juego. Esa escena me golpeó profundamente.

Quise pararme de inmediato, pero mi cuerpo estaba frío, entumecido, con calambres. Sentía un hormigueo intenso en la nariz, las piernas y la piel se me erizaba. Con mucho esfuerzo me levanté, saqué la caja del cuarto, atendí a mi pequeña y le serví un plato de cereal. Luego, como pude, me volví a acostar.

Ahí fue cuando experimenté lo que en el mundo de la adicción llaman una *"malilla,"* el malestar físico del síndrome de abstinencia. Era como luchar contra mi propio cuerpo. Sabía que, para calmarlo, necesitaba fumar de nuevo, pero también sabía que ese sería un ciclo interminable... y, en ese momento, no veía salida.

Así comenzó mi año, sin poder moverme de la cama, llorando sin razón, hundida en una depresión brutal. La malilla y la ansiedad se sentían como un dolor profundo e indescriptible.

En ese estado solo pensaba en lo fácil que sería dejar de existir. Sentía que no merecía nada, me juzgaba constantemente por la vida que llevaba, y en mi mente no existía otra opción que dejar de sentir ese vacío inmenso.

Lo único que, en el fondo, me retenía era el amor por mis hijas. Ellas eran mi pequeña ancla, lo único que me mantenía con un mínimo deseo de sobrevivir. Roberto, viéndome en ese estado, me observaba con preocupación. Para él, yo parecía enferma. Se quedó conmigo, me acompañó en silencio, con paciencia, sin reclamos ni preguntas. Y eso me reconfortaba. Sentía que, por fin, alguien me comprendía y me sostenía de una forma distinta, con empatía.

Con el tiempo, nuestra relación comenzó a formalizarse un poco más. Roberto terminó mudándose a mi cuarto para que estuviéramos juntos. De alguna manera, yo misma lo manipulé para que pasara, porque no quería sentirme sola. Los dos cuartos que quedaron libres los renté. Pronto, la casa, que tenía cuatro cuartos, se llenó, Diana mi conecta, se mudó, y en el otro cuarto se instaló Javier. El cuarto de mis hijas y el mío quedaban pegados, lo que me facilitaba vigilarlas.

Sin darme cuenta, mi hogar se transformó en un lugar donde consumir era demasiado fácil. Ahí se reunían amigos, conocidos, y siempre había acceso a todo tipo de sustancias. La frontera entre mi adicción y mi vida cotidiana se desdibujó aún más.

A las pocas semanas, fumar se volvió algo completamente normal para mí. Ya no lo ocultaba. Todos en la casa sabían que consumía, así que lo hacía sin reparos. Una noche estábamos en el patio, yo sentada con la pipa en la mano y Roberto enfrente de mí, jugando distraídamente con una hoja seca caída del árbol. Me

miró con un gesto serio, bajó un poco la voz y me dijo con calma:
—Ya no quiero que consumas. No me gusta verte así... no es lo correcto.

Me quedé en silencio unos segundos, con la mirada baja, sintiendo un leve temblor por dentro, pero respondí con un tono que buscaba justificarme:
—Me conociste así. Además, yo tengo mi consumo bajo control. No deberías preocuparte tanto.

Aquellas palabras lo dejaron callado, pero yo sentí como si me pusiera contra la pared. Me incomodaba la idea de que algún día tendría que elegir entre él o la droga. Y eso me molestó profundamente, porque lo que me atraía de Roberto era justamente que estaba conmigo sin juzgarme, que me hacía sentir comprendida... y ahora sentía que ese espacio de aceptación se estaba rompiendo.

Seguí con lo mío, ignorando lo que me había dicho, como si sus palabras no importaran. Pero él, en lugar de insistir, tomó acción de una forma que no esperaba, se salió de nuestro cuarto y comenzó a dormir en la sala.

Yo me quedaba llorando en nuestra habitación, sintiendo que ya no me entendía, que me estaba dejando sola. Y mientras más tristeza sentía, más fumaba. Pero el cristal ya no me daba ese efecto de placer del principio. Ya no había euforia ni alivio, solo dolor... y la malilla constante.

Pasaron los días y Roberto no desistía en su decisión. Dormía lejos de mí, y yo comenzaba a caer en una locura de desesperación que ni siquiera la droga podía calmar. La sensación en mi cuerpo era horrible, pegajosa, como si estuviera cubierta de algo que no podía quitarme. Llegaba a creer que el cristal salía de mis poros porque consumía demasiado. Me bañaba una y otra vez porque sentía que mi cuerpo desprendía un olor insoportable, pero nada cambiaba.

Estaba literalmente muerta en vida, sin comer durante días, sin dormir, encerrada en la oscuridad de mi cuarto, sin saber si era de día o de noche. Roberto, aunque distante conmigo, estaba muy pendiente de las niñas. Se encargaba de darles de comer, de mantenerlas tranquilas, mientras yo apenas las veía de vez en cuando.

Un día, me encontré acostada en la cama, sin poder levantarme. El sudor frío recorría mi cuerpo. Con un esfuerzo enorme, me bajé y me senté en el suelo, al lado de la cama. Ahí me quedé, llorando, sin razón aparente, solo rota.

De pronto, sentí una manita suave en mi rostro. Era mi hija mayor. Se me acercó y, con toda su ternura, me limpió las lágrimas mientras me decía:
—Todo va a estar bien, mami. ¿Quieres que te lea un libro?

Solo pude mover la cabeza para afirmar que sí. Ella se sentó frente a mí y comenzó a leerme con su voz inocente y dulce. Yo escuchaba y, poco a poco, me iba calmando. Sentía todo su amor, su inocencia, su paciencia infinita... aunque por dentro quería desaparecer. En ese momento pensé que no merecía nada de eso, ni siquiera el amor puro de mis hijas.

Cuando terminó de leerme, me abrazó. Me volvió a limpiar las lágrimas y me dijo con esa simpleza infantil que golpea directo al corazón:
—Deberías tomar un baño, mami.

Fue como un rayo de luz en medio de tanta oscuridad.

Hoy, al recordarlo, me resulta muy difícil perdonarme. Aún me pregunto, ¿en qué momento me perdí tanto? ¿Cómo pude permitirme *tanto daño, al grado de no querer seguir viviendo?* Me duele profundamente mirar a esa versión mía del pasado... a esa muchachita de apenas 23 años, sin guía, sin propósito, sin rumbo, exponiéndose a más y más dolor. Verla tan vulnerable me parte el corazón.

Pero, al mismo tiempo, admiro algo en ella. Porque, aunque parecía que no había esperanza, aunque todo indicaba que estaba derrotada, en el fondo nunca se rindió. Hay algo profundamente resiliente en esa versión de mí misma. Esa mujer herida, desorientada, aún germinaba semilla de la transformación.

Me limpié las lágrimas y, como pude, reuní algo de fuerzas para ir al baño. Me metí bajo la ducha, dejando que el agua me envolviera, como si de alguna manera pudiera limpiar también la culpa y el cansancio acumulado. Salí, me vestí y traté de comer un poco, aunque apenas tenía apetito. Dejé de fumar por ese momento y me puse a limpiar mi cuarto, en un intento por sentirme útil, por darle orden a algo, aunque fuera externo. Después me acosté y dormí por muchas horas, como un oso que entra en hibernación.

Cuando desperté, me sentía débil, pero un poco más ligera. Traté de comer de nuevo y, poco a poco, fui recuperando algo de energía. Roberto notó ese pequeño cambio en mí; me vio un poco más activa, menos apagada, y aprovechó para buscarme. Me habló con calma, pero muy claro, me dijo que no quería verme consumir, que no podía seguir a mi lado viendo cómo me destruía. Yo acepté. No quería perderlo, sentía que, a su manera, quería lo mejor para mí.

Sin embargo, la ansiedad no tardó en dispararse con toda su fuerza. Era una lucha constante, quería estar bien, pero tenía a la conecta en casa y los amigos que consumían cerca. Era como estar atrapada en un círculo que no me dejaba avanzar. Una noche, con Roberto dormido, me levanté sigilosamente de la cama y fui al cuarto de Diana. Toqué la puerta, ella abrió y, sin rodeos, le pedí un *pipazo*. Me dejó entrar. Fumamos juntas y, una vez que sentí el efecto, me despedí y regresé a mi cama. Roberto seguía dormido, sin darse cuenta. Yo me sentía tranquila, al menos por esa noche, al haber calmado mi necesidad.

Al día siguiente, él se levantó temprano para ir a trabajar, mientras yo me quedé fumando a escondidas. Era un juego constante, él salía y yo consumía, pero disimulaba lo más posible. Aunque no tuviera hambre, comía forzadamente, porque uno de los efectos era la falta de apetito, y si él me veía sin comer sospecharía. Trataba de ocultar cada detalle, cada rastro.

Pero con el tiempo, Roberto comenzó a notar las diferencias en mí. Cuando no consumía, me volvía callada, hipersensible, ansiosa y apenas salía de la cama. En cambio, cuando fumaba, estaba hiperactiva, hablaba mucho, hacía mil cosas, no comía y, sobre todo, evitaba mirarlo directamente a los ojos. Yo creía que podía engañarlo, pero él notaba todo.

Cada vez que me descubría, se enojaba tanto que terminaba durmiendo en la sala. Aquello se volvió un desgaste emocional brutal. Cuando él no estaba, yo podía fumar en paz, pero no lo disfrutaba porque sabía que estaba perdiéndolo. Volvía al mismo patrón, dejaba de consumir unos días para convencerlo de que cambiaría, le prometía que no volvería a hacerlo, y lo lograba por un tiempo. Así estuvimos durante un par de meses, en ese vaivén agotador.

Roberto me lo dijo claramente, "Si te drogas otra vez, me voy. Esta es tu última advertencia." Y yo me sentía atrapada, entre la espada y la pared, porque realmente no podía parar. Terminó regresando a su cuarto, y aunque seguíamos juntos, cada uno dormía por separado. Yo sentía que no era que no quisiera estar bien, sino que en el fondo ya no quería vivir. Era como suicidarme lentamente, a pequeñas dosis.

Aun así, Roberto era como un salvavidas en medio del naufragio. Me mantenía a flote y, sobre todo, mantenía a salvo a mis hijas. Él les daba toda la atención que yo no podía darles, las alimentaba, las cuidaba, incluso llevaba a la escuela a mi hija mayor cuando era necesario. Para mí, eso era un apoyo enorme.

Cuando terminaron las vacaciones de invierno y mi hija volvió a la escuela, yo hacía todo lo posible por levantarme temprano para cumplir con mi responsabilidad, aunque muchas veces no dormía en toda la noche. Sentía culpa, mucha culpa, porque apenas podía cuidar de mí misma, pero sacaba fuerzas de algún lugar para sobrevivir por ellas. La maternidad exige tanto... y cuando estás incompleta, cuando lo haces sola, sientes que llevas todas las de perder. Aun así, hacía todo lo posible por estar.

Pero mi hija siempre llegaba tarde. Cuando pasaba días sin dormir, mi cuerpo simplemente colapsaba. Me quedaba dormida y no despertaba a tiempo. Otras veces, aunque no lograra descansar, el cansancio era tan fuerte que reaccionaba tarde para todo. Una mañana en particular, me levanté después de no haber dormido en días. Como siempre, mi "desayuno" fue fumar. Después serví un plato de cereal para mi hija y me preparé para llevarla a la escuela.

En ese tiempo manejaba una troca negra, con batea en la parte trasera y cabina media alta. Era todo terreno, y para mí, lo único materialmente valioso que tenía. Ese día llovía. Salí a encender la troca mientras mi hija mayor desayunaba. La más pequeña seguía dormida, y no quise despertarla. La dejé con Roberto, que estaba en casa y podía cuidarla.

Tomé la sombrilla y llevé a mi hija mayor a la troca. Ese día, en vez de ir al asiento trasero como de costumbre, se sentó adelante y me preguntó si podía hacerlo. Asentí con la cabeza, apenas hablando. Me sentía mal.

Nos marchamos rumbo a la escuela. Yo bostezaba constantemente durante todo el trayecto, obligándome a mantener los ojos lo más abiertos posible. Tomé la salida de la autopista y me dirigí a la calle de la escuela. Todo marchaba aparentemente bien, la lluvia caía, el cielo estaba completamente nublado, y yo solo pensaba en llegar rápido para poder descansar.

En una de las curvas cerradas, mi troca patinó. Sentí cómo el volante se me iba de las manos y, en cuestión de segundos, la fuerza del vehículo me arrastraba hacia una casa. En medio del pánico solo alcancé a gritar, "¡No, por favor!." Y todo se volvió negro. Perdí el conocimiento.

Desperté apenas unos segundos después, aturdida. Lo primero que vino a mi mente fue mi hija. Abrí los ojos y sentí la bolsa de aire inflada sobre mi rostro, me costaba respirar. Volteé a verla desesperada, la moví con mis manos temblo-

rosas y le hablaba entre sollozos:
—¡Hija, despierta! ¡Por favor, despierta!

Ella, aturdida, reaccionó lentamente. Cuando abrió los ojos, sentí un alivio tan profundo que no puedo describirlo. Me quité el cinturón y fue entonces que reparé en lo que había pasado. Vi el cofre del carro completamente doblado y pensé, *"¿Y ahora cómo me voy a mover? Mi carro... lo perdí."*

Me di cuenta de que había chocado con otro vehículo, un carro gris, y que el impacto me había aventado directo contra el buzón de una casa. En ese momento sentía que todo sucedía en cámara lenta. El dueño de la casa salió y me gritó desde la puerta:
—¡Tienes que bajarte, es peligroso que sigas ahí!

Con el corazón acelerado, tomé a mi hija en brazos, bajé con cuidado y me dirigí a su casa. Su esposa salió y, amablemente, me hizo pasar. Me sentó en la sala, en un sillón café —lo recuerdo tan claro, porque ahí dejé mi cartera— mientras trataba de asimilar el accidente.

Poco después llegaron los policías. Me hicieron preguntas, revisaron la escena y tomaron nota del reporte. Mi troca fue remolcada, había quedado como pérdida total. Y, para colmo, me dieron una multa de tránsito.

En shock, llamé a Roberto. Él llegó rápidamente para recogerme. Antes de irme, mientras caminaba hacia la salida, recordé que había dejado mi cartera en el sillón. Regresé, la tomé y al revisarla me di cuenta de que faltaban los 200 dólares en efectivo que llevaba adentro. Confronté a la señora con la voz temblorosa:
—Perdón, pero aquí tenía mi dinero... lo dejé en la cartera. ¿Alguien lo tomó?

Ella me miró seria y dijo:
—No, aquí nadie tocó nada.

Su respuesta me dolió. Entendía que había causado un daño a su propiedad, a su buzón… pero también sentía que habían aprovechado mi vulnerabilidad en ese momento. Me quedé callada, impotente, y salí de la casa.

Tocar Fondo

Cuando llegamos a la casa, lo único en lo que yo podía pensar era en la pérdida material, mi carro, mi dinero, mi multa. Me sentía en ruinas. Pero Roberto, con calma, me dijo: —Al menos están bien... todo lo demás se recupera. —

Sus palabras me aterrizaron. Tenía razón. Recordé ese instante en el que vi a mi hija inconsciente, y el frío que sentí al pensar que quizás no la libraría. Y, sin embargo, salimos intactas.

Me quedé reflexionando, *si no hubiera estado tan cansada, si hubiera dormido mejor, tal vez habría podido controlar el carro a tiempo.* Después del accidente, mi papá, Roberto y mis amigos me ayudaron turnándose para llevar a mi hija a la escuela.

Hasta que, para evitar más complicaciones, decidí cambiarla de escuela y que pudiera tomar el autobús escolar. Eso me dio algo de paz mientras buscaba la forma de comprar otro vehículo. Era un proceso lento, pero por primera vez sentía que, dentro de todo el caos, la vida me había dado una segunda oportunidad.

Y después de lo demás, eso sí me activaba, cocinarles a mis hijas, preparar sus cosas para el día siguiente, darles de cenar y acostarlas temprano, como a las 8:00 p.m. Esa era su rutina sagrada. Al dejarlas dormidas, me quedaba fumando. Muchas veces no podía parar hasta que me daba cuenta de que estaba amaneciendo... y ya era hora de ir al trabajo. Para mí, la noche era ese espacio silencioso sin responsabilidades, sin preguntas, sin miradas. Era mi tiempo, al menos donde podía llorar sin que me vieran, sin tener que explicarme, sin que mis pequeñas notaran nada.

Algunas veces me iba a trabajar sin dormir y sin comer, porque simplemente no tenía hambre. Otros días ni siquiera podía presentarme; me invadía la malilla o mi cuerpo pedía descanso a gritos. Perdí ese trabajo. Me era difícil sostenerlo, no cumplía con los horarios, y aun así lo necesitaba, sobre todo para comprar otro carro. Económicamente, todo comenzó a hundirse. No me alcanzaba ni para lo más básico, comida y pañales para mi bebé.

Una mañana, como era de costumbre, estaba en cama. Mi hija mayor se me acercó y me dijo con voz bajita:
—Mamá, tenemos hambre.

Me levanté con el cuerpo arrastrado por la culpa y busqué algo qué darles. Solo encontré una salchicha y un pan. Les preparé un hot dog y lo partí a la mitad para repartirlo entre las dos. Ellas comieron, y cuando terminaron, la mayor me dijo:
—Mamá, quiero más.

Esa frase fue como una puñalada. ¿De dónde iba a darle si no había más? ¿Cómo le explicas eso? No respondí. No podía. Estaba sin trabajo, sin energía, ni física ni mental. Ya no tenía pañales; cada vez que la bebé se ensuciaba, tenía que bañarla para poder limpiarla. Me dolía reconocerlo, ya no podía proveer.

Mi papá solía visitarnos, y ese día llegó. No me quedó otra que decirle que necesitaba dinero, que no estaba trabajando, que no tenía cómo moverme sin un carro. Estaba enojado, claro, pero aun así me dio el dinero para pañales y comida.

—Tienes que trabajar, no puedes estar así —me dijo—. Para lo del carro te voy a ayudar, pero tienes que poner de tu parte, por favor.

Yo solo lloré, sintiéndome miserable por pedirle ayuda y por verme a mí misma en ese estado. No dije nada. Tenía toda la razón.

Escuché cómo se cerraba la puerta al irse. No fue un portazo, pero el sonido me dolió como si lo hubiera sido.

Ese momento marcó el inicio de una de las depresiones más fuertes que he vivido. Me hundí aún más en el consumo, como si eso pudiera borrar la culpa. Al menos así no sentía. Al menos así podía huir, aunque fuera por unas horas, de una realidad que no quería mirar.

Estaba saliendo de una relación tóxica con Víctor, había tenido un accidente de carro, no cumplía con mi rol de mamá como debía, ya no podía sostener mi hogar. Solo existía el cristal, y dejar que el día y la noche pasaran sin sentir.

La verdad es que no quería vivir. Estaba cansada de sobrevivir. Muy lejos de estar en paz… todo me inquietaba. Ya no creía que pudiera haber una salida.

Deseaba morir de una sobredosis, desaparecer, dejar de sentirme tan vacía. Ese deseo, oscuro y silencioso, estuvo a punto de cumplirse. Era uno de esos días en los que la malilla era tan intensa que por más que fumaba, nada surtía efecto. Sentía mi corazón latiendo lento pero fuerte, como si tratara de salvarme. Estaba en cama, como siempre, diría que muerta en vida. Un frío helado comenzó a recorrerme el cuerpo.

Roberto llegó justo en ese momento, como tantas veces antes. Con esa dulzura que lo caracterizaba, me preguntó:
—¿Cómo estás, nena?

Yo no respondí. Hundida en una depresión brutal, sin energía ni aliento, solo pude comenzar a llorar. Roberto, con todo su amor, se acostó a mi lado y me abrazó en silencio. No dijo nada, y en ese gesto, lo dijo todo.

El cuarto se veía más grande de lo normal. Los muebles parecían inmensos, yo, diminuta. Así me sentía, pequeña, insignificante. La ventana estaba cubierta, como siempre; no soportaba la luz. Todo estaba oscuro, y esa oscuridad hacía juego con lo que sentía por dentro.

Mientras me abrazaba, me besó con una ternura que me decía sin palabras, *Estoy aquí.* Ese beso era suave, lento, casi irreal. Cerré los ojos, conecté con él... hasta que de pronto comencé a sentir bofetadas en la cara. Escuchaba mi nombre muy lejos, como si estuviera bajo el mar:
—¡Reyna! ¡Reyna! ¡Reyna!

Desperté. Volví en mí. Roberto me miraba con una expresión de terror.

—¡Tenías la mirada perdida! ¡En blanco! ¡Pensé que te ibas a morir!

Su voz vibraba entre el miedo y el alivio. Sentí mi corazón latiendo con fuerza, desbocado. Estaba volviendo. Sabía que acababa de rozar los límites de una sobredosis.

Mi cuerpo estaba colapsado. El sistema nervioso, rendido. Era como si se apagara, como si se desconectara de todo. Esa sobredosis silenciosa, provocada por el exceso de anfetaminas y el agotamiento físico y emocional, estaba apagando cada parte de mí. Sin dopamina, sin serotonina... mi cerebro estaba seco. Y ese frío que sentía no era solo corporal; era emocional, absoluto, un vacío helado desde adentro.

Ese instante fue como flotar en la nada. Estaba viva, sí, pero apenas. Despertar fue como regresar de un lugar sin tiempo, sin cuerpo, sin luz. Sentía que caía lentamente a un pozo negro, infinito, sin retorno. Escuchaba mi nombre cada vez más lejos... No sé cuánto tiempo pasó. Tal vez segundos. Pero ahí, el tiempo no existía.

Como pude, me senté en la cama. En mi mente apareció una imagen clara, los paramédicos llegando a mi cuarto y ya siendo tarde. Pero no, estaba viva todavía.

Roberto seguía ahí, con los ojos rojos, con las manos temblorosas, mirándome como si me rogara en silencio: *"Tienes que vivir, Reyna... te quiero viva. Por favor."*

No hablamos. No hacía falta. Ambos sabíamos que algo tenía que cambiar. Aquello había sido un llamado. Un mensaje. Estaba tan cerca de irme que no podía ignorarlo.

Mi cuerpo colapsó, sí, pero obedeciendo a un deseo que ya no era mío. No quería morir. No de verdad. Esta experiencia me mostró que algo viejo tenía que morir para poder renacer. No fue una muerte física, pero sí un reinicio. Un despertar.

Comprendí, en lo más profundo, que si yo dejaba de existir, ¿quién cuidaría de mis hijas? ¿Quién podría amarlas como yo? Nadie. Y eso, más que el miedo, fue lo que me sostuvo.

Esto marcó el comienzo de mi verdadera lucha contra esta enfermedad perversa. Yo no me iba a dejar morir. No más.

Me levanté tambaleante, fui al baño, me di una ducha para regular mi temperatura. Roberto, firme, a mi lado como siempre. Me arropó, me acostó, me abrazó.

Esa noche dormí... y por primera vez en mucho tiempo, sentí que alguien verdaderamente me cuidaba. Me sentí amada. Me sentí importante.

Y con eso... despertó una pequeña chispa de esperanza.

En los días siguientes, Roberto me cuidó con devoción. Decidió quedarse conmigo, sin ir a trabajar, para asegurarse de que no recayera y de que los pensamientos de consumir no me vencieran. Ese fin de semana me propuso salir para distraer la mente. La verdad, no sabía cuánto tiempo llevaba sin salir, ni siquiera recordaba en qué fecha estábamos.

Ese día fuimos a un lago. Mis hijas nos acompañaron, siempre sonrientes, sin tener idea de la batalla que yo libraba por dentro. El detalle y la preocupación de Roberto me hacían sentir profundamente agradecida con él. Verlo tan dispuesto a caminar conmigo en esta lucha —donde, al final, solo yo podía tomar la decisión— fortalecía nuestra conexión. Era un amor bonito, de esos que solo desean verte bien, sin exigencias.

Él fue inmensamente tolerante y comprensivo. Amaba a mis hijas como si fueran suyas, y aunque no tenía hijos, era naturalmente paternal. Ellas también lo querían mucho. En los momentos más difíciles, su apoyo era total.

Mientras estábamos junto al lago, el sentimiento de culpa comenzó a invadirme. Temía fallar en cualquier momento. Esa inquietud conocida empezaba a instalarse otra vez en mí. A pesar de estar dispuesta a resistir, sabía lo que podía venir, ansiedad, miedo, debilidad. Pero después de lo que había ocurrido con mi colapso, no podía permitirme volver atrás.

Veía a mis hijas corriendo cerca de la orilla, acercándose a los patos, riendo como si nada. Y yo luchando internamente por no caer. Roberto se dio cuenta de mi estado; se acercó, puso una cobija sobre mis hombros mientras el atardecer nos regalaba una puesta de sol serena y hermosa. Me abrazó por detrás y, acercándose a mi oído, me susurró con ternura:
—Vámonos, nena. Sé que necesitas descansar.

Llamó a las niñas y, al verlas correr hacia nosotros, sentí que nuevamente estaba construyendo una familia. Subimos al carro y regresamos a casa.

Ya en casa, preparamos la cena. Yo comía como si no hubiera mañana. Mi cuerpo pedía alimento a gritos, pero mi sistema digestivo ya no lo toleraba del todo. Sentía un dolor terrible, como si mi estómago rechazara la comida. Días sin comer me habían dejado muy sensible. Otra molestia más que enfrentar... Y aun así, me repetía, *"Ya basta, comeré. No me saltaré más comidas. Voy a cuidar más de mí."*

A la mañana siguiente, todo parecía estar bien. Me levanté decidida a preparar el desayuno para mí y mi familia. Ese día nos quedamos en casa a descansar. Pero para mí, ese supuesto descanso se convirtió en un infierno.

Después del desayuno, mis hijas se quedaron jugando en su cuarto. Roberto estaba en el suyo, ya que para ese entonces habíamos dejado de compartir habitación. Y aunque al principio eso me dolió, con el tiempo entendí que tener cada uno su espacio también era una forma de cuidar lo que teníamos.

Para mí, estar sola en mi cuarto con tanto por dentro, fue el verdadero desafío del día.

Me metí a mi cuarto y comenzó una tortura mental. La ansiedad por consumir se volvía insoportable. Ya había tirado todo por la taza del baño, incluso la pipa la había lanzado al bote de basura con la firme intención de no regresar a lo mismo. Pero en ese momento, caminaba en círculos por el cuarto, rápido, sin parar, tratando de respirar profundo para calmarme. Nada funcionaba.

Sudaba, especialmente de las manos. Me tocaba la cara, me agarraba la cabeza como si pudiera detener así la locura que se apoderaba de mí. Sentía una presión en el pecho, una incomodidad aguda en mi piel, como si hasta los poros me suplicaran solo un poquito... solo una dosis para sentirme *bien*, o al menos estable. Y yo me decía, *No puedes hacerlo otra vez, aguanta un poquito más, ya pasará*. Pero no pasaba. Era una lucha interna que me estaba destrozando.

Soporté así todo el día. Pero al caer la noche, fue aún peor. No podía dormir. No podía respirar tranquila. Y terminé cediendo.

No importaba cuántas veces me deshiciera de mi droga, siempre había forma de conseguir más. Diana, mi conecta, vivía en la misma casa. Solo era cuestión de tocar su puerta... y eso fue exactamente lo que hice. Lo hacía a escondidas, evitando que

Roberto se diera cuenta. Me dolía fallarle, pero el impulso era más fuerte que mi vergüenza.

Entré al cuarto de Diana con el corazón latiendo desbocado. Para mi sorpresa, ella también estaba despierta. Al igual que yo, le costaba conciliar el sueño; también consumía por las noches. Al verla, sentí una mezcla de ansiedad y alivio. En su rostro se dibujaba la misma culpa que arrastra la adicción, pero también un gesto de comprensión, casi de alivio, sabía perfectamente a qué iba yo a su cuarto. Al menos, esa noche, no tendría que enfrentar a sus demonios en soledad.

Ella me observó en silencio, con cautela, mientras yo me acercaba lentamente a su cama. Con voz baja y desesperada, le susurré:
—Saca la pipa, por favor...

Extendió la mano y me mostró la pipa gastada que tenía consigo. En ese momento, yo era como una bebé hambrienta. Me llevé la pipa a los labios, sentí la boquilla fría contra mi boca y, al inhalar, el humo espeso descendió por mi garganta, fundiéndose conmigo. Sentí el *alivio*, no angustia, no culpa. Solo una paz artificial. Falsa, pero efectiva.

Regresé a mi cuarto como si nada. Roberto ya dormía. Esa noche volví a fumar, y durante toda la semana logré sostener un supuesto "control." Me transformaba. Era como tener dos versiones de mí, una nerviosa, temerosa, cuando no consumía; y otra segura, alegre, activa, cuando sí lo hacía.

Al principio, Roberto no notaba la diferencia. Pero para el fin de semana, él planeó un viaje a la playa con la esperanza de ayudarme a mantener la abstinencia. Yo acepté, aunque iba con el cuerpo aún afectado por la sustancia, y con la mente llena de culpa. Me dolía seguir faltándole, sabiendo que él lo daba todo para salvarme.

Durante el camino al mar, miraba por la ventana cómo el azul del cielo se fundía con el del océano. Su magnitud bajo el sol me brindaba un poco de calma. Era como llegar a casa.

Mis hijas estaban radiantes, emocionadas. La más pequeña llevaba un vestidito azul con flores y un suéter blanco. La mayor usaba un short corto y una camiseta azul; parecía que se habían vestido para combinar con el mar.

Ese día jugamos a enterrarnos en la arena. Roberto se recostaba mientras nosotras lo cubríamos entre risas. La pequeña corría con su cubetita, trayendo más arena. Yo reía, disfrutaba... pero solo por momentos. La necesidad de fumar regresaba como un golpe seco en el pecho. Me alejé un rato y me senté sola, mirando el mar.

En silencio, lo observaba. Era como si el mar fuera testigo de todo lo que vivía. Cada ola era como un suspiro de resistencia. Un llamado a seguir.

Pero nada era suficiente para llenarme. Me levanté y fui al baño… no necesariamente por necesidad. Fumé. Salí después de unos minutos y, al poco rato, pedí que nos retiráramos. Mi semblante lo decía todo. Ya no podía disimular.

Muchas veces se piensa que tocar fondo garantiza el cambio, pero no es así. A veces, el fondo es solo otra estación en el ciclo de la adicción. Según la Dra. Laura Méndez, psicoterapeuta especializada en adicciones y trauma, "Para que una persona deje de consumir, se requiere mucho más que las ganas, hacen falta apoyo, estructura, herramientas emocionales y, sobre todo, una red que le recuerde que es posible volver a levantarse."

Yo tenía el apoyo de mi círculo más cercano, pero todavía me hacía muchas más herramientas para dejar de consumir. Esa tarde, nos subimos a la camioneta y regresamos a casa en completo silencio. Al llegar, le dije a Roberto que quería estar sola. Esa noche, al menos, no consumí. Me acosté con la idea de que tal vez lo que necesitaba era trabajar, ocupar mi mente en otra cosa.

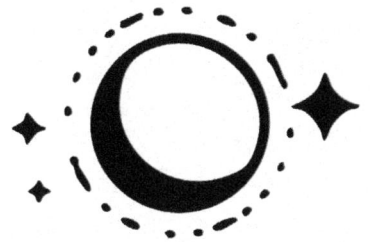

Alimentar al Fantasma Hambriento

A la mañana siguiente, con esa mezcla de ansiedad y esperanza que suele acompañar a los comienzos, hice una llamada para buscar trabajo. Para mi sorpresa, me contrataron. Era solo por unas semanas, pero era algo. Tenía un objetivo claro, ahorrar para comprarme un carro. Sentía que, si lograba tener uno propio, podría empezar a recuperar algo de autonomía, moverme con libertad, tal vez incluso empezar de nuevo.

Aunque seguía consumiendo cristal, al menos no lo hacía en el trabajo. Ese pequeño límite autoimpuesto redujo un poco la frecuencia. Pero el deseo no desapareció; simplemente se desvió. Comencé a fumar tabaco con una intensidad que no había tenido antes, cigarro tras cigarro, cada vez que podía. Lo justificaba como una tregua, un mal menor. Pero en el fondo sabía que no estaba dejando de escapar, solo estaba cambiando de ruta.

No es raro que, al abandonar una adicción, el impulso se traslade hacia otra sustancia o comportamiento. A esto se le conoce como adicción cruzada o transferencia de adicciones. No se trata de debilidad, sino de una necesidad profunda de regular emociones no resueltas. Como explica el Dr. Gabor Maté, *"Cuando dejamos una adicción sin abordar su raíz emocional, simplemente le cambiamos de forma"* (Maté, 2018, In the Realm of Hungry Ghosts).

El trabajo era en un vivero de plantas de uva para vino. En apariencia, era una labor sencilla. Pero para mí, en ese momento, cualquier tarea se volvía cuesta arriba. No estaba ni al 50% de mi capacidad física ni emocional. Algunas actividades requerían precisión —como el corte de tallos— y eso me desesperaba. Algo tan mecánico se convertía en un reto agotador.

Una tarde, abrumada por el cansancio y la ansiedad, salí sin permiso a fumar. No droga... solo un cigarro. Esa era mi justificación. Era lo único que me calmaba. Pero justo en ese momento, el manager me vio. Me sorprendió a mitad del impulso. Sentí cómo todo se tambaleaba otra vez, mi empleo, mi pequeño avance, mi frágil estabilidad. Estuve a punto de perder el trabajo. Y esa amenaza bastó para sacudirme.

Afortunadamente, una compañera del trabajo, Rosa, quien también me acompañaba en algunas jornadas, intercedió por mí. Ella habló con el encargado, pidió una oportunidad para mí, explicó que yo estaba pasando por un momento difícil. Gracias a su apoyo, no me despidieron ese día.

Rosa era una compañera de trabajo a quien conocía desde que tenía 18 años. Ella sabía por lo que yo estaba pasando; me conocía lo suficiente como para notar que había un antes y un después en mí. Entendía que no estaba bien. En una ocasión, íbamos camino al trabajo—ella pasaba por mí cada mañana—y, en un momento de vulnerabilidad, le confesé todo lo que me estaba sucediendo y cuánto me estaba afectando.

Ese día también nos acompañaba Miriam, otra gran amiga. Íbamos las tres, Rosa manejando, Miriam en el asiento del copiloto, y yo atrás. Mientras hablaba, Rosa me miraba por el retrovisor con una expresión de preocupación y sorpresa; podía sentir su empatía. Miriam, más reservada, solo escuchaba. Su silencio, sin embargo, me decía, "te escucho, estoy contigo."

Contarles cómo me sentía, lo atrapada que me encontraba en esta situación de la que no podía escapar, me hizo sentir que no estaba sola. Eran un soporte emocional. Rosa me preguntó de qué forma podía ayudarme. Yo le respondí sinceramente, "no sé por dónde empezar, no sé qué hacer." Era como estar en medio de un tornado. Quería estabilidad, pero no sabía cómo alcanzarla. Era como intentar ordenar algo que nunca antes habías entendido. ¿Cómo reconstruyes si toda tu vida ha sido sobrevivir? Sabía que lo que sentía no era normal, pero estaba completamente perdida.

Ambas me apoyaban hasta donde una persona adicta puede permitirlo. Y eso, aunque limitado, era mucho.

Con el paso de los días, logré reunir suficiente dinero para comprar un carro—al menos en pagos—gracias a mi amigo Max, un compañero del trabajo. Le di la mitad del costo y me comprometí a pagarle el resto en dos partes. Al menos ya tenía cómo moverme. Pero, otra vez, bajé la guardia. Me costaba mucho ir a trabajar.

Cada mañana, al despertar, me invadía una ansiedad abrumadora que me impedía salir. Comenzaban los delirios auditivos, sentía que todos hablaban de mí, que había murmullos constantes, y todos eran negativos. No sabía exactamente qué era, pero en mi mente escuchaba frases como, *Pobrecita, es que se droga.*

Es que no puede. Esos pensamientos no eran reales, pero yo los sentía como si lo fueran. Hoy sé que era mi propia voz, la voz del juicio interno que me destrozaba. Pero había una frase que me paralizaba completamente, *Perderá a sus hijas si se dan cuenta de su adicción.*

Esa idea me aniquilaba. Me generaba un tipo de ansiedad que me impedía incluso salir de casa. No podía trabajar, mucho menos sostener una rutina. Aun sabiendo que contaba con el apoyo de Roberto y de mi papá, nada de eso parecía suficiente. Tal vez por eso dejé de intentarlo, o porque me sentía incapaz de funcionar como una persona "normal." Sostener un trabajo se volvió una carga imposible.

A las pocas semanas, Max comenzó a llamarme para pedir el siguiente pago del carro. Yo sabía que no podría pagárselo y, avergonzada, simplemente dejé de contestar. Sentía mucha pena, pero no tenía cómo cumplir.

Una tarde, estaba en casa con Roberto, en mi cuarto, supuestamente viendo una película. Pero yo no estaba ahí. Mi mente era un torbellino. Miraba la pantalla, pero no veía nada. Había dejado de disfrutar incluso eso, ver películas, algo que antes era mi refugio los domingos de descanso. Me dolía no reconocerme más.

Las llamadas comenzaron a llegar. El teléfono sonaba una y otra vez, y mis nervios empezaban a notarse. Roberto me preguntaba por qué no contestaba, y yo solo respondía que no quería. Después de un rato, mi amigo Javier tocó la puerta de mi cuarto y dijo, "Te buscan afuera."

Tuve que salir. No hubo mucho que explicar, decidí ser honesta. Le dije a Max que había perdido mi trabajo y que no tenía cómo pagarle. Me miró comprensivamente, pero fue claro, "Esto es un negocio, tengo que llevarme el carro." Para mí, aquello fue devastador. Solo necesitaba que me esperara un poco más. No estaba pasando por un buen momento.

Estábamos en el patio. Él recargado en su coche y yo de pie, frente a él. Recuerdo lo ansiosa y desesperada que me sentía. De pronto, escuché cómo se abría la puerta de mi cuarto, que daba directamente al patio. Roberto salió, me miró con seriedad y dijo, "Ven, entra."

Le pedí a Max que me esperara un momento. Entré al cuarto. Roberto estaba sentado en la cama. Preguntó, "¿Cuánto le debes?" Me puse nerviosa. No sabía qué responder. Me sentía muy avergonzada por toda la situación. Le dije con voz apagada, "No es fácil para mí esto, no me gusta pedir, no quiero estar así, pero tampoco sé cómo solucionarlo."

Roberto se levantó, sacó su cartera y me dijo, "Toma, págale. Pero dile que se vaya. Y tú... tú tienes que hacer algo. No puedes seguir así."

Salí con muchísima pena. Le pagué a Max lo que le debía. Él se subió a su carro y, sin decir nada más, cerró la puerta y se fue.

Cuando regresé al cuarto, Roberto ya no estaba. Me recosté en la cama y me quedé mirando el techo, sumida en pensamientos. Sentía que mi vida se estaba desmoronando, había perdido mi trabajo, mi carro, que ya antes había chocado con mi hija a bordo; debía dinero; mi separación con Víctor aún me pesaba; y ahora estaba a punto de perder a Roberto. No terminaba de salir de una situación difícil cuando ya estaba sumida en otra.

Fue ahí donde comenzó una nueva etapa de locura.

Vivir con esta enfermedad te lleva a experimentar una oscuridad profunda. Todo lo que ya es difícil se amplifica. En ese entonces, sentía que no podía perder a Roberto. A pesar de que ambos éramos jóvenes—él tenía casi 19 y yo 24—, sentía que esa diferencia marcaba una distancia enorme. Yo siempre había estado con hombres mayores, y él era lo contrario, tierno, cariñoso, atento. Era alto, delgado, se cuidaba haciendo ejercicio y su cabello rizado le daba un toque especial. Todo eso me hacía sentir que tenía algo muy diferente, muy valioso. Y el miedo a perderlo comenzó a transformarse en celos al borde de la locura.

Mis inseguridades y mi autoestima tan dañada, sumadas a los efectos de la droga, me llevaron a desarrollar una celotipia delirante. Comencé a creer que él me engañaba con cualquiera. Incluso cuando dormíamos juntos, yo imaginaba que había una tercera persona entre nosotros en la cama. En una ocasión, tomé la cobija y la lancé al suelo. Encendí la luz de golpe, buscando a esa persona invisible. Revisé debajo de la cama... en mi propio cuarto. Era obvio que Roberto se molestaría. Se levantó sin decir nada y se fue a su cuarto.

Cuando pasaban esas cosas, yo no lo dejaba dormir. Me volvía obsesiva. Si se iba, mi delirio se intensificaba. Imaginaba que alguien lo estaba esperando en su cuarto o que metería a alguien por la ventana. Vivía en una incertidumbre total. Ya no sabía si lo que sentía era real o producto de mi mente. Los sonidos de la noche—los grillos, las ramas, el viento—los interpretaba como murmullos. Todo se distorsionaba.

Las emociones estaban desbordadas. El enojo, especialmente, se apoderaba de mí. Pensar que él podía estar con alguien más me provocaba una especie de ataque de ansiedad disfrazado de celos delirantes. Yo no era así. Nunca había celado a mis otras parejas. ¿Por qué con él sí? Tal vez pensaba que me estaba haciendo un favor al estar conmigo, o que ya no me quería pero no sabía cómo dejarme. Tal vez era por mi adicción, o por la situación en la que vivía. Tal vez porque yo tenía dos hijas. Esas eran las preguntas que me torturaban.

Y ninguna me ayudaba a sanar.

Terminaba cuestionándome tanto que, en ocasiones, solo podía suplicar salir de todo esto. No me imaginaba morir de una sobredosis y que mis hijas me encontraran sin vida, o quedar atrapada al borde de la locura. Solo quería, al menos, una vida tranquila, dormir, comer, funcionar nuevamente. Lo deseaba con todas mis fuerzas. Entre lágrimas, sola en mi cuarto y después de varios días sin dormir, caía profundamente dormida, rendida.

Pasados algunos días —cuando la malilla finalmente pasaba y mi cuerpo comenzaba a calmarse—, sin buscarlo y sin esperarlo, ella apareció como un ángel enviado en el momento justo. No la vi venir, pero fue una oportunidad a la que no podía decirle que no. Rocío era una mujer que había conocido años atrás, cuando asistía a la iglesia mientras estaba con Víctor. Ella había sido maestra de mi hija mayor, y sus dos hijas, Keren y Ruth, eran amigas de la mía.

Ese día, Rocío me llamó para preguntar si podía llevarse a mi hija a la iglesia. Acepté sin dudar, ella era de mi total confianza y mi hija la quería mucho. Más tarde, al atardecer, regresaron. Salí al patio a recibirlas mientras nuestras hijas jugaban juntas. Rocío me invitó a la siguiente reunión de la iglesia. Yo no tenía intención de ir; en realidad, estaba cerrada a todo eso. Ella lo sabía, pero podía ver cómo me encontraba, la delgadez extrema, el rostro triste, la energía apagada... todo lo decía sin necesidad de palabras.

Entonces me miró y preguntó con suavidad:
—¿Hay algo que pueda hacer por ti?

No pude contenerme. Comencé a llorar mientras le decía:
—No sé qué hacer... no puedo parar de drogarme, estoy cansada. Creo que sé a dónde podría ir, pero no puedo llevarme a mis hijas. Hay un centro de rehabilitación en San José, sé que allí me pueden ayudar, pero no puedo irme porque no tengo con quién dejarlas. Mi hermana no puede, mi papá tampoco... y Víctor no está en condiciones ni en la lista de confianza.

Rocío se acercó, me abrazó con fuerza y dijo:
—Vamos a encontrar la solución. Solo confía en Dios. Él te va a ayudar. Yo he estado orando por ti y por tus hijas.

Ese abrazo me dio esperanza. Por primera vez en mucho tiempo, sentí que tal vez sí era posible. Tenía una última carta por jugar, y aunque no sabía cómo, dentro de mí algo se encendió, podía pasar algo bueno.

Y así fue.

El siguiente fin de semana, Rocío volvió por Johanny. Al regresar de la ceremonia, se me acercó y me dijo con una sonrisa:
—Te tengo una propuesta... y una buena noticia.

—Dime, por favor —le respondí, con el corazón acelerado.

—Hay una familia que puede cuidar a tus hijas mientras tú te rehabilitas. Lina y José se ofrecieron a ayudarte.

Guardé silencio por un largo momento. Procesar esa información me tomó tiempo. Pensaba en Lina y José, quienes también conocía; pensaba en dejar a mis hijas por tres meses... nunca antes nos habíamos separado tanto tiempo. También pensé en Roberto. ¿Me esperaría?

Pero más allá de todo eso, estaban mis hijas, corriendo y riendo alrededor de nosotras.

—Piénsalo, Reyna —me dijo Rocío, con una mirada compasiva—. Hazlo por ellas... y por ti. Para que puedas hacer ese cambio que necesitas.

Mientras sus palabras flotaban en el aire, mi mente intentaba asimilar todo. No esperaba que la respuesta llegara tan rápido. Pero en el fondo de mi corazón, sabía que debía hacerlo. Había una corazonada, una voz que me decía que mis oraciones habían sido escuchadas y que Rocío era el canal por el cual ese cambio llegaría.

Sabía que no sería fácil. Pero estaba dispuesta a intentarlo.

No quería perder mi último tren.

Le agradecí y me despedí. Mis hijas, sin saber nada de la situación, se quedaron a mi lado mientras mirábamos cómo Rocío se marchaba con sus pequeñas en el carro. La seguimos con la mirada hasta que se perdió en la carretera. Aquella tarde, al entrar de nuevo a casa, les preparé la cena mientras mi mente no paraba de pensar y planear, el viaje hacia un nuevo comienzo estaba por empezar, pero con el alto costo de no tenerlas conmigo.

Pensaba en Rocío, en cómo miraba a mis hijas como si fueran suyas. Me preguntaba, ¿por qué alguien, prácticamente una desconocida, estaba tan interesada en ayudarme? Su empatía y amor humano me demostraron que aún existen personas con luz propia, personas que llegan para iluminar el camino de otros y sostenerlos cuando ya no pueden más. En ese momento, ella lo fue para mí.

Estuvo en el cumpleaños de Johanny. Éramos ella, sus hijas, las mías y yo... y tal vez, en ese instante, aquello fue un pequeño pedazo de familia, una amistad genuina que, con los años, sigo valorando. Su presencia, su labor, su fe, aún vive en mí, por encima de cualquier ingratitud, más allá de todas las dimensiones.

Por ellas. Por mí.

Al día siguiente, tomé el teléfono y llamé al centro de rehabilitación. Mientras timbraba, sentía cómo mi corazón se aceleraba. Al atenderme, pedí hablar con la persona encargada. Me pusieron en espera. Cuando contestó, reconocí la voz al instante, era Nancy. La había conocido a los 17 años, cuando estuve ahí por primera vez. Aunque no habíamos cruzado muchas palabras —porque en aquel entonces no nos dejaban hablar con compañeros externos—, su energía me había quedado grabada. Desde ese primer día, su mirada transmitía una fuerza silenciosa. Y ahora, saber que seguía allí, en el programa, me dio esperanza.

—¿Cómo te puedo ayudar? —me preguntó desde el otro lado del auricular.

—Necesito ayuda. Quiero internarme —respondí, con voz temblorosa.

—Espera un momento, voy a preguntar —me dijo.

Pasaron unos minutos en completo silencio, hasta que retomó la llamada y me dijo:
—Me dicen que te vengas cuando estés lista. Ya sabes qué hacer, trae tres mudas de ropa,

un par de zapatos, y asegúrate de dejar bien cuidadas a tus hijas. Aquí te esperamos.

Le agradecí con el alma. Colgamos.

Hablé con mi papá. Él, de alguna manera, también se sentía culpable. Yo me sentía igual. Iba a dejar a mis hijas. No era fácil. Estaba firmando una adopción temporal, sin saber con certeza lo que podría pasar. Pero confiaba. Lina y José eran un conducto para mi cambio. Al firmar los papeles, fue como decirme a mí misma, *"Lo dijiste, y lo cumplirás."*

Regresamos a casa, y le dije a Lina que prepararía las maletas de mis hijas. En unos días las llevaría. Johanny cambiaría de escuela, algo que me preocupaba, pero sabía que estaría bien. Comenzaría en una escuela religiosa privada, mientras que Ali, con apenas 3 años, se quedaría en casa con Lina. Era un cambio positivo, con un enorme sacrificio, sí... pero el inicio del verdadero cambio.

A los pocos días, mi papá llegó para llevar a las niñas. Roberto nos acompañó. Cargaron las maletas y yo subí a los asientos de atrás para pasar el último trayecto abrazando a mis hijas. Mientras papá conducía y Roberto iba de copiloto, ellos conversaban y yo... simplemente lloraba. Abrazaba a Johanny, que estaba a mi lado, mientras Ali, siempre tan alegre, jugaba en su sillita, habladora como siempre, ajena a lo que sucedía. Ella me sacaba de esa tristeza, aunque fuera por un momento.

Ese día marcaría un antes y un después.

Llegamos a casa de Lina. El portón se abrió. El patio era enorme y tenía varios perros. Las niñas bajaron emocionadas, saludaron a Lia y Álvaro, los hijos de Lina, y enseguida comenzaron a jugar. Lina me mostró su casa, una casa hermosa. Sabía que mis hijas estarían bien ahí.

Nos sentamos en el comedor. Hablamos de la adicción, de cómo destruye familias, rompe vidas sin importar la edad. No hay excepciones. Llegó el momento de despedirme, y yo con el corazón en la mano, sin saber cómo hacerlo. Hicimos una pequeña oración en círculo. Johanny sostenía mi mano y la de su hermana. Sentí su manita tan pequeña, tan frágil. Me transportó al día en que nació, cuando me la entregaron por primera vez y ella, instintivamente, sujetó mi dedo índice con su diminuta mano... como diciéndome, *Estoy contigo.*

Terminamos la oración. La miré y le dije con voz temblorosa:
—Solo se quedarán unos días. Pronto vendré por ti.

Johanny casi lloraba. No entendía del todo. Y aun así, se quedó.

Me dolió tanto que esa noche, al llegar a casa, me despedí de mi papá y sentí a Roberto muy indiferente. Hablamos de que me acompañaría al centro de rehabilitación, pero ni siquiera teníamos clara la hora exacta, aunque yo sabía que estaba próxima. Con tono serio, me dijo:
—¿Por qué no puedes hacerlo desde aquí? ¿Por qué tienes que irte?

Después simplemente se alejó y se metió a su cuarto. Lo último que escuché fue el portazo. Ese gesto me hizo sentir aún más culpable por la decisión que estaba tomando. Me sentí fatal. Dudé, por un momento, en irme. Aún tenía droga guardada... y volví a consumir. Pasé todo ese día en la cama.

Fue entonces cuando llegó Rocío. Tocó la puerta. Solo quería saber si ya me había ido o cuándo lo haría. No quería ver a nadie ese día, pero su visita me sacudió, me hizo entender que ya había avanzado mucho como para dar marcha atrás.

Esa noche terminé de empacar lo que faltaba. Cargué las maletas en el carro, llamé a mi papá y le dije que estaba lista, que si podía venir a recogerme por la mañana. Me contestó que sí, que incluso pasaría la noche conmigo para irnos juntos temprano. Asentí.

Tal como prometió, esa noche llegó. Se acomodó en el sofá de la sala. Poco después, apareció Roberto. Me acerqué y le dije lo mismo:
—Estoy lista para irme mañana.

Él solo respondió:
—Está bien. Mañana nos vamos.

Esa noche dormimos juntos. Me abrazaba, y yo comencé a llorar... no podía parar. Estaba dejando todo lo que quería, mi hogar, mis hijas, mi pareja... sin saber qué pasaría después. Era una decisión dura, pero necesaria.

Entonces Roberto se alteró. Molesto, me dijo:
—¿Puedes callarte? ¿Cómo es posible que no puedas parar con esto y llegar a este punto de tener que irte?

Se levantó de la cama y, sin más, me echó de su cuarto.

—No te acompañaré. Vete sola —dijo, antes de cerrarme la puerta en la cara.

Me quedé llorando en el pasillo, sintiéndome la peor persona. No sé cuánto tiempo pasé ahí. Lloraba en silencio, para que mi papá no me escuchara. Después de un rato, me fui a mi cuarto. Ese cuarto... lo llamaría el cuarto de las lágrimas. Lloraba tanto ahí, tan seguido, que parecía que no había salida. Sus cuatro paredes me hundían en una soledad dolorosa, sin consuelo.

A la mañana siguiente, no quería levantarme. Estuve casi todo el día en cama. Mi papá fue paciente. Me dio espacio y tiempo. Sentía el apoyo de Rocío, de Lina y José, de mi hermana Yobana, y de él... pero me dolía profundamente no tener el apoyo de Roberto.

Quería irme bien. Sabía que durante esos tres meses en el centro no tendría contacto con el mundo exterior. Esperé a que se calmara un poco para poder hablar con él y explicarle lo importante que era esto para mí. Lo intenté. Me acerqué, justo antes de irme, con la esperanza de que lo entendiera... pero no fue así.

Su respuesta fue la misma, con las mismas preguntas.

Podría pensar que, para él, también era difícil. Que sentía que había dado mucho de sí para ayudarme, y que nada funcionó. Quizás se sentía frustrado, derrotado... tal vez hasta culpable. Quizás también le dolía mi ausencia, y la de las niñas, y no sabía cómo manejarlo.

Podía sentir todas las miradas, toda la atención puesta en mi decisión. Pero también sabía que este era mi último tren. Y no lo iba a dejar pasar. Lo iba a intentar, realmente. Aunque perdiera personas en el camino. Aunque doliera. Quería un cambio. Estaba dispuesta a luchar por él.

Mis hijas me esperaban, y mi familia se moría de preocupación por lo que pudiera pasarme. Mi madre, desde México, vivía con el pendiente constante. Yo ya no quería eso. Así que, con la camioneta encendida y mi papá esperándome, me subí al auto. Llamé a Rocío:

—Estoy en camino, para que te quedes tranquila. Te agradezco tanto. Nos vemos pronto.

Ella me bendijo y me deseó mucha fuerza. Nos despedimos.

Nos dirigimos a Napa, a casa de mi hermana Yobana, quien también me acompañaría. Yo no podía parar de llorar. Al llegar, me bajé del carro y me senté afuera, en su banca de madera, en el patio. Ya había oscurecido. La noche se sentía triste, silenciosa, como si el mundo entero supiera lo que estaba ocurriendo dentro de mí.

Yobana me ofreció de comer, pero le dije que no. Solo quería fumar un cigarro de tabaco. Eso me tranquilizó un poco. Empecé a aterrizar la realidad, estaba haciendo lo correcto. Tenía a dos personas importantes conmigo, personas que creían en mí y apostaban por mi vida. Y esa esperanza era mi fuerza.

Al poco rato partimos rumbo a San José, al centro de rehabilitación. Al llegar, sentí como si estuviera volviendo a casa. Sabía que estaba en el lugar correcto, y que, si ponía de mi parte, todo podría cambiar. Esta vez, además, tenía una razón poderosa, mis hijas me estarían esperando.

Al día siguiente, sentía un cansancio profundo. No solo físico, sino del alma. Recuerdo llegar a la primera junta grupal de la mañana y sentarme en la última fila. Al terminar la reunión, por fin sentí hambre. Me sirvieron lentejas y las comí lentamente. Pude ver en mi rostro el reflejo de la tristeza. Pero también algo empezaba a moverse dentro de mí.

Comencé a ver a compañeros conocidos. Ya que era mi segunda vez allí, algunos se alegraron de verme. Fue entonces cuando me di cuenta de que no recordaba la última vez que había sonreído. ¿Cómo algo tan simple se había vuelto tan ajeno para mí? Y ahí, justo ahí, comencé a valorar incluso eso, la posibilidad de volver a sonreír. Comprendí que la droga me había robado casi todo, incluso mis ganas de vivir.

Con el paso de los días fui subiendo de peso. Comía, y lo disfrutaba. Las semanas siguientes fueron muy duras, porque fui cayendo en cuenta de todo lo que había perdido, mi trabajo, mi casa, una pareja que me acompañó, y sobre todo, la compañía de mis hijas.

Pero, aún así, estando ahí me sentía como un avestruz, metía la cabeza en la tierra, no para evadir, sino porque por fin me sentía a salvo. Me parece curioso compararlo así, pero fue esa burbuja la que, en cierto modo, me salvó la vida.

Durante esos tres meses, hicimos un viaje a Mount Shasta, un lugar que ya conocía. Ahí viví una experiencia espiritual muy profunda. Participé en mi primera ceremonia de temazcal, un baño de vapor con cantos y rezos. Aquello me permitió conectar conmigo misma, con mi espíritu. A través de la meditación, empecé a descubrir partes de mí que desconocía.

Fueron días de enfoque total en mi enfermedad. Ya no había a quién culpar. No había excusas. Solo quedaba una responsable, yo. Y tenía que trabajar en mí. Es difícil mirar hacia adentro. Es confrontante. Pero es necesario. Porque por muchos años solo había mirado hacia afuera.

Reconocí que había sido irresponsable, que permití muchas cosas que pudieron evitarse. Pero también entendí que todo ese camino fue necesario para llegar hasta este punto, el reencuentro conmigo misma.

Comprendí que muchas personas luchamos con esto y que no todos lo logran. De alguna manera, somos sobrevivientes. Milagros de una enfermedad tan perversa y astuta que solo se puede vencer con total honestidad, voluntad y entrega.

Una vez, mi madrina del grupo me dijo algo que se me quedó grabado:
—Así como estás dispuesta a conseguir tu dosis, así de dispuesta debes estar para tu recuperación.

Esas palabras se clavaron en mi mente como una revelación. Y entonces pensé,

¡Claro! ¡Si solo es cuestión de voltear la moneda!

Y así fue como decidí que sí lo haría.

Después de cumplir tres meses en el centro, comencé a sentir con más intensidad la ausencia de mis hijas. Lo único que tenía de ellas era una fotografía. No estaba en la lista de objetos permitidos, pero por alguna razón me dejaron conservarla. Esa pequeña excepción se convirtió en mi mayor tesoro.

Cada noche, al acostarme en mi litera, la miraba antes de dormir. Era mi ritual silencioso. Y cada mañana, lo primero que hacía al despertar era ver esa imagen. Sus caritas eran mi motor, mi recordatorio de por qué estaba ahí. Me daban fuerza para seguir, para no rendirme.

Dos días después de haber cumplido los tres meses, me autorizaron hacer mi primera llamada. Recuerdo que acabábamos de regresar de la última sesión de terapia grupal del día. Eran como las 10:00 de la noche. Salí al patio y el cielo estaba despejado, lleno de estrellas. Era una noche hermosa, pero también profundamente confrontante.

Marqué el número de casa de Lina. Mientras sonaba la llamada, caminaba de un lado a otro. Sentía el corazón a punto de salírseme del pecho. La emoción me oprimía, me hacía más difícil incluso respirar.

Lina respondió. Le conté brevemente que ya estaba lista, que en unos días nos veríamos. Entonces le pedí, con voz temblorosa:
—¿Puedo hablar con Johanny?

Pasaron apenas unos segundos, pero se sintieron eternos. Y de pronto, escuché esa vocecita dulce, tímida, diciendo:
—¿Bueno?

Era mi hija. Johanny. No esperaba que fuera yo.

—Soy yo, mi amor… tu mamá —le dije, tratando de contener el llanto.

Ella comenzó a llorar. Su vocecita quebrada repitió, casi sin creerlo:
—¿Eres tú, mamá?

En ese instante, supe con certeza que no podía volver a dejarlas. Si yo las extrañaba con el alma, ellas me extrañaban el doble. Su llanto me atravesó el pecho. Esa llamada se quedó grabada en mí para siempre. La recuerdo como una de las más duras y más hermosas de mi vida.

Quise traspasar el teléfono, abrazarla, llenarla de besos, decirle cuánto la amaba y lo valiente que era. Solo pude prometerle que no volvería a dejarla por tanto tiempo. Que muy pronto estaríamos juntas.

Seguimos hablando unos minutos más, preguntándole por su hermanita. Ella me contó que Ali ya hablaba muchas más palabras y que el inglés le salía con fluidez. Escuchar eso me emocionó profundamente. Saber que estaban bien, que crecían sanas y felices, me dio aún más fuerzas para seguir.

Al colgar, sentí una urgencia enorme de salir, de ir a buscarlas. Llamé de inmediato a mi papá, pero me dijo que en ese momento no podía ir por mí porque estaba trabajando. Luego intenté con mi hermana Yobana, pero tampoco podía. La impotencia me invadió. Me dolía tener que esperar un poco más... pero sabía que no faltaba mucho.

Solo debía resistir un poco más. Estaba más cerca que nunca.

Una semana después, por fin llegó mi papá. Al verlo, sentí una profunda alegría. Nos saludamos con un abrazo largo, cargado de todo lo que habíamos pasado. Él me miró con sorpresa, yo ya no era la misma. Había subido casi 30 libras. De pesar unas 107 libras, ahora mi cuerpo reflejaba los meses de recuperación. Comer se había convertido en una especie de consuelo, una forma de compensar los días de hambre... y también de calmar la ansiedad.

Después del abrazo, me ayudó con mi mochila. Le pedí que antes de ver a mis hijas, necesitaba pasar por la casa donde vivía. Quería saber cómo estaban mis cosas, en qué condiciones estaba el lugar. Yo nunca había notificado formalmente que me ausentaría. Solo Roberto lo sabía pero el dueño no, y él tenía la llave de los cuartos. Necesitaba recoger mis pertenencias y dejar todo en orden para poder traer a las niñas.

Primero fuimos a Santa Rosa, antes de subir a Middletown. Ese trayecto se sintió eterno. Fueron dos horas y media que parecieron un viaje sin fin. Cuando por fin llegamos, lo primero que noté fueron las cortinas: distintas en ambos cuartos. Algo había cambiado durante mi ausencia. Lo presentía.

Llamé a Roberto. En el fondo, ya sabía que nuestra relación no tenía futuro. Después de lo que pasó la última vez que nos vimos, lo nuestro estaba quebrado. Aun así, no pude evitar sentir un poco de emoción al escucharlo contestar.

—¿Cómo estás? —me dijo con una voz que intentaba sonar natural.

—Bien —le respondí—. Acabo de salir. Estoy en la casa y quiero saber qué pasó con mis cosas.

Hubo un silencio incómodo. Luego dijo, sin rodeos:

—Te desalojaron. Tus cosas están en mi cuarto. Necesito tiempo para digerir que volviste. ¿Te veo después?

Asentí, sin insistir. Colgué con un nudo en la garganta. Lo siguiente era ir por mis hijas… pero ahora sin un lugar donde recibirlas. Había sido desalojada. No podía reclamar, llevaba tres meses sin pagar renta y no tenía ni un solo dólar en el bolsillo. Me sentía completamente perdida.

Durante el camino de una hora hacia donde estaban ellas, mi mente no dejaba de pensar, *¿Qué haré ahora?* No tenía respuestas. Pero había algo que sí tenía: la emoción de volver a abrazarlas. Eso me sostenía.

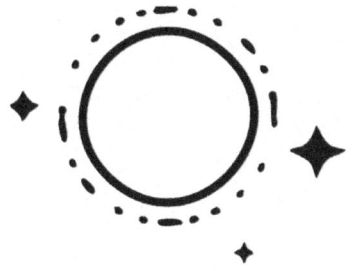

Volver y Reconstruir

Lina llegó por mí. En el asiento trasero del coche venía Ali. Me subí junto a ella para tenerla cerca. Estaba sentada en su sillita infantil, abrochadita, con su peinadito de lado y su ropita colorida. Pintaba tranquila, con crayones en la mano. Cuando me vio, me habló con su vocecita en inglés —ese poco que sabía—, y yo la abracé con fuerza, besándola una y otra vez. Estaba tan feliz de verla bien, de saber que había estado en buenas manos.

En el camino, Lina me fue contando cómo había sido la rutina de las niñas durante mi ausencia. Ali pasaba los días con ella en casa, y aunque tardó mucho en comenzar a hablar, ahora ya decía muchas más palabras. Me contó que Johanny tenía una beca y asistía a una escuela privada, junto a sus hijos Lía y Álvaro. Iríamos directamente por ella a la escuela.

Era demasiada información para procesar en tan poco tiempo. Todo se me venía encima, la alegría, la incertidumbre, la preocupación por el lugar donde íbamos a vivir, y al mismo tiempo, una sensación de gratitud. Mis hijas estaban bien. Y eso era lo más importante en ese momento.

Llegamos a la escuela. Desabroché a Ali de su silla para el carro y la bajé con cuidado. Caminamos deprisa por los pasillos en busca de Johanny... ¡y ahí estaba! En cuanto nos vimos, corrimos a abrazarnos. Fue un momento hermoso, lleno de emoción contenida. Johanny estaba feliz. Me mostró todo con entusiasmo, sus trabajos, su lugar en el aula, incluso me dio un pequeño tour por la escuela. Yo la observaba con asombro. Sentía una mezcla de orgullo y sorpresa; tenían mucho más de lo que yo alguna vez había podido darles. Incluso tomaba clases de piano. Todo parecía marchar bien... y ahora me tocaba a mí reajustarme a esta nueva vida que estaba comenzando.

Durante las semanas siguientes, nos quedamos en casa de Lina. Estaba profundamente agradecida por su generosidad, por abrirnos un espacio cuando más lo necesitábamos. Intentábamos recuperar algo parecido a una rutina. Íbamos a la iglesia, tratábamos de poner en orden los días. Fue en una de esas reuniones cuando vi a Rocío. Me acerqué conmovida, y le agradecí. Le hablé desde lo más hondo, su ayuda, como la de Lina, había sido crucial en un momento en el que lo había perdido casi todo. A veces, un gesto genuino, una palabra o una cama prestada, pueden sostener lo que parecía a punto de quebrarse. Ellas dos, aunque quizás compartimos poco tiempo, dejaron una huella profunda en mí y en mis hijas. Fueron parte de ese primer tramo de mi sobriedad, y de una forma muy real, parte de mi reconstrucción.

Unos días después, Roberto vino a visitarnos. Las niñas lo recibieron con entusiasmo. Él me miró y, sonriendo, me dijo con cierta ternura:

—Te ves más gordita.

Reí, algo avergonzada.

—Sí, he subido un poco de peso —le respondí.

Nos sentamos a platicar un rato. Me dijo que se alegraba de verme bien, y luego compartió algo inesperado:
—¿Sabes? Cuando me llamaste, sentí algo extraño. Tuve que salirme del trabajo. Me fui a la playa... aquella a la que fuimos juntos con las niñas. ¿Te acuerdas?

—Claro —respondí—. ¿Y por qué fuiste?

—No sé —dijo, bajando la mirada—. Sentí que tenía que pensar. Necesitaba aclararme.

En ese momento no quise profundizar. No entendí el mensaje completo, y tampoco le pregunté más. Pero años después, recordando esa conversación, comprendí que él también estaba lidiando con sus propios miedos. Tal vez sabía que, si regresábamos, renacería la posibilidad de repetir esa historia rota. Y no estaba listo. No todos lo estamos, incluso si hay amor.

Durante el proceso de rehabilitación, es común que las personas en recuperación enfrenten la tarea pendiente de reparar los vínculos con sus seres más cercanos. La confianza rota, las promesas incumplidas y las heridas emocionales dejan huellas. Como señala la Dra. Stephanie Brown, especialista en adicciones, "La recuperación no es solo dejar de consumir. Es también recuperar relaciones, responsabilidad, y humanidad" (Brown, 2004, *A Place Called Self*).

He aprendido que hay decisiones que el alma reconoce antes que la mente. Algunas despedidas no se dicen en voz alta, pero se entienden con el cuerpo, con el silencio. Y ese día, Roberto y yo, cada uno a su modo, cerramos un ciclo.

El tiempo siguió su curso. Yo seguía sin empleo, sin un lugar propio donde vivir, y con un coche cuyos frenos apenas funcionaban. Entonces recibí una nueva oportunidad, vivir en el centro de rehabilitación, esta vez con mis hijas. El trato era claro, podría quedarme ahí, cuidarlas, ayudar en algunas tareas, y asistir a las terapias grupales cada noche.

Acepté sin pensarlo. No tenía nada más, pero tenía esa opción. Y, sobre todo, las tenía a ellas.

Así fue como regresé. Esta vez acompañada. Era noviembre de 2014. Lo recuerdo bien porque ahí pasamos juntas el Día de Acción de Gracias. Mientras buscaba trabajo, me dedicaba a ellas. A cuidarlas. A estar. Asistía a las reuniones cuando podía, pero la presión económica seguía pesando. Las niñas aún no iban a la escuela, y las tres tratábamos de adaptarnos, a la ciudad, al espacio, al silencio... y a ese comienzo lento, pero verdadero.

Aunque agradecía tener un techo y estabilidad momentánea, dentro de mí algo comenzaba a incomodarme. Extrañaba a Roberto. Extrañaba el lugar donde habíamos estado. Lo nuevo, por más seguro que fuera, también traía consigo una sensación de desarraigo. Y aunque trataba de mantenerme firme, sabía que necesitaba algo más que un espacio físico, necesitaba volver a sentirme en casa... dentro de mí misma.

Pasaron algunas semanas. Después de una de las posadas organizadas por el centro de terapia, llamé a mi papá y le pedí que fuera por mí. No di muchas explicaciones. Solo sabía que no quería seguir ahí. Cuando llegó, subimos las maletas al coche y partimos. Durante el camino,

me preguntó dónde me quedaría, y le respondí con firmeza:
—En mi casa.

No dije más. Llevaba una sensación de ingratitud a cuestas, como si le debiera algo a todo el mundo. Pero en mi sed —una sed interna, profunda, de vacío— yo sabía lo que estaba buscando.

Al llegar, me encontré con Rigo, un viejo conocido, amigo de Diana. Apenas me vio, me saludó con una mezcla de sorpresa y familiaridad.

—Hace mucho que no te veía... Tengo de lo que te gusta —me dijo sin rodeos.

Yo bajé a las niñas. Roberto no estaba. Rigo, antes de irse, me entregó discretamente una bolsita.

—Aquí te dejo lo que necesitas —agregó, dándome una mirada que lo decía todo.

Al ver la droga frente a mí, fue como si pusieran un plato de comida frente a alguien hambriento. Dudé. Pensé mucho. Me sentía débil. Encendí la televisión, le di el control remoto a mi hija y le envié un mensaje a Roberto, "Estoy en casa."

Me encerré en el baño con la pipa en la mano. Recaí. Una vez más.

Apenas salí, Roberto estaba justo frente a la puerta. Me miró fijo. No dijo nada. Solo su mirada bastó para saber que lo había notado todo. Observó cómo guardaba algo en la bolsa de mi sudadera, luego se dio la vuelta y se fue a la sala, en completo silencio.

Lo seguí. Le dije que me quedaría ahí, que no tenía otro lugar a dónde ir. Me respondió que podía acostar a las niñas en su cuarto. Cuando entré, vi que mi cama estaba allí, rodeada de mis pocos muebles, los mismos que me habían sacado cuando me desalojaron. Apenas había espacio para pasar. Las camas estaban juntas, la suya y la mía.

Acosté a las niñas y me recosté a su lado. No pude dormir. Roberto llegó muy tarde. Se metió a la cama sin decir una sola palabra.

Esa noche supe que tenía dos caminos. Ninguno sería fácil. Elegí el que conocía mejor, el que me resultaba más familiar... y, quizás por eso mismo, el más difícil.

Sin trabajo, sin un lugar propio, sabía que tenía que moverme. Había recaído, sí, pero esta vez no podía quedarme quieta. Estaba en cero. Lo único que tenía —y lo más valioso— eran mis hijas. No podía perderlas. Si ellas no estaban, nada tenía sentido.

La indiferencia de Roberto me dolía profundamente. Era como si no quisiera ni verme, y lo entendía. En el fondo, yo seguía deseando una reconciliación. Quería volver a ser una familia. Pero eso ya estaba muy lejos. Así que, con lo poco que tenía, empecé a buscar trabajo.

Llamé a varias empresas donde había trabajado antes. Sabía que la temporada de poda de uvas estaba por comenzar. Era mi única opción. Y, con suerte, me aceptaron en una de ellas. Comenzarían en dos semanas. Sentí alivio. Saber que tendría ingresos renovó un poco mi esperanza.

Con esa certeza, empecé a contactar a conocidos para buscar un cuarto donde vivir. No podía seguir en casa de Roberto. Su silencio lo decía todo. Fue entonces cuando apareció Rosy, una compañera que conocí en una clase de inglés. Ella se ofreció a darme unos días en el lugar donde vivía.

Rosy y yo teníamos historia. Fue ella quien me presentó a Diana, mi antigua "conecta". En ese tiempo, cuando Rosy comenzó a consumir, lo hizo por curiosidad, pero a mí me dio confianza contarle lo bien que me hacía sentir. Así empezó nuestro vínculo. En este camino nadie se queda solo... inconscientemente, siempre buscamos cómplices.

Sin embargo, en ese momento, ambas estábamos intentando parar. Ya no consumíamos. Y yo sabía que tenía que salir de la casa de Roberto. Así que me fui a quedar unos días con Rosy.

Una semana antes de comenzar a trabajar, llamé a Sofía, una conocida a la que había conocido en una de mis borracheras, cuando solía frecuentar fiestas con amigos. Antes de entrar al centro de rehabilitación, ella me había pedido que le limpiara su casa. Lo hice en tres ocasiones. Esta vez le pregunté si necesitaba ayuda de nuevo. Me respondió que no, que ya se encargaba de eso.

Con algo de pena, me armé de valor y le pregunté:
—¿Tienes algún cuarto que puedas rentarme? No tengo dónde vivir. Comienzo a trabajar en una semana. Solo te pido que me esperes un poco.

Para mi sorpresa, dijo que sí. Que podía quedarme y que me esperaría. Esa misma noche me despedí de Rosy, le agradecí su apoyo y me mudé. Le pedí ayuda a un amigo para mover mis cosas y subimos todo al coche rumbo a casa de Sofía.

Al llegar, me mostró el cuarto que sería para mis hijas y para mí. Era sencillo, pero suficiente. Tenía un pequeño corredor afuera, ideal para que las niñas jugaran. Durante esa semana nos acomodamos y, mientras tanto, comencé los trámites para inscribir a Johanny en la escuela.

Además, allí vivía María, una señora que se ofreció a cuidar a las niñas mientras yo trabajaba. También hablé con ella, ya que le debía el pago por el cuidado de las niñas, y le pedí que me esperara.

Todo esto me ayudaba a mantenerme firme... a seguir intentando. Sabía que, tal vez, no era lo ideal. Pero después de haber recaído, sentía que había fallado. Que ya no podía pedir más ayuda a quienes ya me habían dado tanto. Cargaba con culpa. Sentía que no me lo merecía.

Comencé a trabajar, y con mi primer cheque pagué la renta y le cubrí a la señora María el cuidado de mis hijas. Fue una semana difícil, era temporada de lluvias, y mis únicos zapatos se empapaban todos los días. En apenas dos semanas, mis pies estaban agrietados, casi al punto de sangrar. Me prometí que, en el próximo pago, me compraría unas botas... y así fue.

Esa etapa fue una de las más carentes que recuerdo. He empezado desde cero muchas veces, pero esta vez fue distinto, ver mis pies rotos, sentir el frío, el cansancio... me hacía llorar casi a diario. No había tiempo para fumar ni escapar. Solo había espacio para sobrevivir y reconstruirme.

En medio de ese proceso, apareció Roberto. Llegó a pedirme quedarse en mi cuarto. Me dijo que lo habían corrido de su casa por ayudarme, lo cual me sorprendió. Hasta hoy no sé si fue verdad, pero en ese momento me desconcertó. Como buena samaritana —y con la esperanza ingenua de reconstruir una familia— lo acepté.

Hablamos con Sofía, la dueña del lugar, y le pareció bien. Aumentó la renta, pero al menos ya no estaba sola. Sentí un alivio al compartir gastos, y poco a poco todo empezó a mejorar económicamente. En las noches hablábamos sobre nuestros planes. Le decía que podíamos rentar un apartamento, que trabajando los dos podríamos aspirar a más comodidad.

Dos meses después, nos mudamos a un departamento de dos habitaciones. Para ajustarnos, tuvimos que rentar uno de los cuartos, pero la vida comenzaba a tomar forma. Estuvimos allí algunos meses, hasta que Lina me habló de una casa en renta en Middletown, a una hora de Santa Rosa. La vivienda era más grande, la renta un poco más baja y estaba cerca de donde vivía ella. Fui a verla... y me encantó.

Las niñas tendrían su propio cuarto. Johanny podría regresar a su antigua escuela —la misma a la que asistía mientras yo estaba en rehabilitación— y Ali comenzaría el kínder. Parecía una buena decisión. Yo seguía luchando con mi enfermedad. Aunque recaía de vez en cuando, iba a mis reuniones y al menos me mantenía limpia por algunos días.

Nos mudamos. La casa era tipo móvil, pero espaciosa. Tenía un enorme patio, y mi cuarto contaba con baño propio y un jacuzzi gigante. La cocina era luminosa, justo como a mí me gustaba, con una isla en el centro donde podía cocinar con libertad. También había un cuarto de lavandería. Empezamos a acomodar todo, los cuartos de las niñas, el de mi papá —quien se mudó con nosotros—, y el nuestro.

Roberto le compró un perro a Johanny, un pastor alemán negro al que llamó Mizty. Por un tiempo, parecía que todo estaba en orden. Pero la distancia con nuestros trabajos y la rutina comenzaron a desgastarme. Quizás era la tranquilidad lo que me incomodaba, porque no la conocía, no sabía qué hacer con ella.

Asistir a mis reuniones se volvió difícil por los tiempos. Estábamos entrando al otoño, una etapa de muchos cambios. Hoy lo sé, esa estación siempre me mueve profundamente. En aquel momento no lo entendía.

Por otro lado, la temporada del campo —la cosecha de uvas— estaba por terminar... y con eso, también el control que el trabajo me daba. Cuando tenía la oportunidad de drogarme, lo hacía, aunque la culpa me invadía después. Comenzaba otra vez el conteo de días limpia, intentando salir. Pero con menos trabajo, la ansiedad regresaba con más fuerza. No quería que nadie me viera en ese estado, y por eso lo hacía a escondidas, sola.

Aun así, trataba de enfocarme en lo que sí podía, cuidar de la casa, llevar a las niñas a la escuela y recogerlas por la tarde. Recuerdo una tarde fría, medio nublada, con un sol tímido calentando apenas el pasto verde. Las niñas y yo salimos a volar un papalote. Algo que no hacía desde niña. Todavía conservo la imagen de ellas con suéteres rosados y gorritos, corriendo entre risas mientras Mizty giraba a nuestro alrededor. Ese momento fue una burbuja de calma, una pausa en medio de tanto caos. Sentí que sí podía cambiar. No sabía cómo ni cuándo... pero lo sentí.

Poco antes, habíamos vivido un incendio forestal. Tuvimos que desalojar la casa y pasamos días en un campamento de emergencia. Cuando regresamos, nuestra casa estaba intacta, pero el ambiente era desolador. Cielo gris, muchas casas quemadas, autos calcinados, camiones de bomberos por todos lados. La tarde del papalote fue nuestra tregua, nuestra esperanza.

Pero la calma no duró mucho.

Llegó el invierno. Días fríos, rutina pesada. Ni la casa grande ni el patio inmenso podían llenar el vacío que empezaba a crecer otra vez dentro de mí. Y cuando hay espacio... la mente empieza a buscar salidas.

Manejé hasta Santa Rosa. Me comuniqué con Diana, mi "conecta" de confianza. Con ella todo era seguro. Le compré suficiente para no tener que volver pronto, porque sabía que después de consumir, me encerraría por días. No quería ser vista.

Regresé a casa. Volví a drogarme. Dejé de comer. Dejé de dormir. Maltraté mi cuerpo. Al principio, las primeras fumadas eran un alivio... cinco minutos de placer. Pero después venía la tortura mental. La voz interna me gritaba, *"¿Otra vez? ¿Eres tan débil que ni siquiera puedes con esto?"*

Me llenaba de culpa. De rabia contra mí misma.

Aun así, me levantaba. Me limpiaba unos días. Iba a mis juntas. Y luego volvía a caer.

Era una lucha constante, una batalla que no quería perder. No podía volver a perderlo todo... otra vez.

Castillo en el Aire

En esos días enfermé de una úlcera, algo que, en el fondo, era de esperarse. Podía pasar días, incluso semanas, sin comer. Cuando estaba intoxicada, comer o dormir no eran prioridades; quizás solo quería desaparecer y acabar con todo ese dolor. Aunque en apariencia lo racionalizaba, en realidad solo actuaba por instinto.

La ansiedad, poco reconocida pero intensa, estaba haciendo estragos en mi cuerpo, y no solo eso, también dañaba a quienes me rodeaban, especialmente a los que me amaban. Pensaba que si yo desaparecía, todo sería más fácil... para mí. Pero no para los que me querían en este mundo. Esa idea era mi ancla, la razón que me hacía volver e intentarlo una vez más.

Mis hijas solo me tenían a mí. ¿Qué sería de ellas si yo no estaba? Esas preguntas me llenaban de culpa, pero también me impulsaban. Aunque me sintiera derrotada, aunque no viera salida, me repetía que tenía que ganar esa lucha. Me aterraba imaginar una escena de sobredosis y pensar que alguna de ellas pudiera encontrarme muerta. Ningún niño debería pasar por algo así. Ningún menor debería estar presente durante una muerte o una enfermedad tan brutal. Por eso decidí luchar hasta el último momento.

Cuando la úlcera me llevó a emergencias, Roberto estuvo ahí. Como siempre, sin reproches, sin juicios, solo tomándome de la mano y diciéndome con ternura, "Estarás bien, nena." Estuvimos horas en ese hospital. Mientras me aliviaban el dolor, él me distraía con sus bromas y caricias. En ese instante sentí que lo tenía todo, un compañero que me amaba incluso en mi peor versión.

Sabía que, para él, nosotras —mis hijas y yo— éramos su prioridad. Lo notaba en su mirada, en su risa, en la manera en que me cuidaba y me besaba las manos. A su lado, ese cuarto frío y desangelado no se sentía como tal. Su cariño me hacía creer que aún podía tener una vida plena, que quizás lo único que me faltaba era estar sobria. Tenía todo... menos la certeza de cómo mantenerme limpia. La sobriedad era algo que apenas conocía, y si llegaba, duraba poco. Aun así, jamás perdí la esperanza.

Después de ese episodio, regresamos a casa. Pasé unos días en cama, cuidando mi alimentación, tratando de encontrar la forma de no recaer. Pero estaba tan desgastada que mi "plan" en ese momento fue drogarme y, aun sin hambre, obligarme a comer. Así fue.

Conseguí trabajo en el campo durante un par de semanas. Pero ya estaba atrapada en una depresión profunda. Me sentía como un zombi en automático, trabajaba, comía apenas, casi no dormía, y lloraba en silencio. Las lágrimas ya no salían.

En las noches, sin poder dormir, salía a la terraza y me sentaba en las escaleras. Fue una de esas noches, bajo la luna llena de noviembre, que me encendí un cigarro. Sentí una calma extraña. Me preguntaba si aún podía haber algo diferente para mí, algo más allá de ese vacío. Sentía una soledad profunda en el pecho, pero también una ligera esperanza, como una semilla que aún no moría.

Fue entonces cuando noté a Mitzi. Estaba ahí, tan triste como yo. Pensé en lo mucho que habíamos descuidado su salud, estaba por cumplir seis meses y aún no tenía sus vacunas. Con todo lo que habíamos pasado —el incendio, el caos— no le di prioridad. Era nuestra primera mascota, y no sabíamos mucho sobre sus cuidados.

Al día siguiente, después del trabajo, la llevé al veterinario. Todo salió bien. Me ocupé de ella con cariño, aunque en mi mente seguía siendo la mascota de mi hija. Claro que la queríamos, y era una gran compañía, tanto para Johanny como para mí. En esas noches de desvelo en la terraza, ella siempre estaba a mi lado, silenciosa, presente.

Pero con los días, mi depresión se agravó... y Mitzi empezó a decaer también. Adelgazaba rápidamente, dejó de comer. Esa noche la miré y supe que algo no andaba bien. Me senté con ella un rato, le hablé, la acaricié. Me prometí que, en cuanto me pagaran ya llevaría de nuevo al veterinario.

Por la mañana, Mitzi se mostraba contenta. La despedimos con cariño antes de salir; Johanny se acercó a acariciarla y le dijo adiós como siempre. Luego llevé a las niñas a la escuela y me fui a trabajar. Durante el día hice una cita para llevar a Mitzi al veterinario en cuanto saliera del trabajo. Quería asegurarme de que estuviera bien.

Cuando salí del trabajo, manejé de regreso a casa. El trayecto, de una hora, se me hizo eterno. Aunque iba cansada, solo pensaba en mi compañera de las noches en la terraza. Mitzi. Tenía un presentimiento.

Llegué a casa con las niñas. Empezamos a buscarla, pero no la encontrábamos. Pensé que tal vez había salido a buscarnos, pero no era común en ella. Esa no era su forma de actuar. Comencé a alterarme, intentando no mostrarlo frente a las niñas, aunque ya sus caritas mostraban preocupación.

Poco después llegó Roberto y también se unió a la búsqueda. Mi papá salió de la casa y comenzamos a recorrer todo el patio. Cada rincón. No había señales de ella.

Entonces Roberto fue más allá, caminó hasta el final de la calle. Esa calle que terminaba en un terreno sin salida, cubierto de pasto seco y alto. Allí la encontró. Mitzi estaba acostada, quieta. Ya no respiraba. Roberto la cargó y volvió con ella en brazos. Se acercó hasta donde estábamos y, con voz serena pero triste, dijo:
—Se murió... y se salió porque los perros hacen eso. Se van cuando sienten que es su hora.

Sus palabras me desgarraron. Sentí una mezcla de rabia, tristeza y culpa. Me enojé con Roberto, porque él era el más estable de los dos. Me enojé conmigo misma por no haber actuado antes. Por haber tardado tanto. Por seguir drogándome.

—¡Entiérrala! —le grité entre lágrimas—. Y no me hables. Quiero estar sola.

Me encerré a llorar, desconsolada. Sentía que era completamente mi culpa. Pensaba que su muerte era un castigo, una advertencia, una especie de reflejo de cómo yo misma estaba por dentro, débil, enferma, perdida. Mitzi se había ido, y en mi mente, su muerte estaba directamente ligada a mis decisiones, a mi adicción, a no haber estado en mis cinco sentidos.

Hoy entiendo que hice lo mejor que pude en ese momento. Le pusimos las vacunas, aunque llegaron tarde. Cuando notamos que estaba bajando de peso, la llevé al veterinario, pero no podía volver tan pronto por falta de dinero. Me explicaron después que las inyecciones, en lugar de ayudarla, aceleraron su deterioro, tenía una bacteria avanzada en el estómago. No había mucho por hacer. Pero en ese instante, no lo comprendía así. Solo veía mi culpa.

Mitzi dejó un gran vacío. Fue más que una mascota. Fue compañía, consuelo, y un reflejo silencioso de mi estado emocional. Con su partida, entendí que algunos seres llegan solo por un tiempo, cumplen su propósito y se van. Ella nos acompañó en uno de los momentos más duros... y su labor había terminado.

Pocos días después, sin haber procesado del todo su ausencia, quise llenar ese vacío lo más rápido posible. Empecé a buscar otro perro... y no solo uno, sino dos. Era una forma desesperada de tapar la culpa, sin pensar realmente en la responsabilidad que eso implicaba.

Así fue como llegaron Chiqui y Lobo, también pastores alemanes. Esta vez, todo fue diferente. Recibieron sus vacunas a tiempo, les dimos cuidados especiales, atención constante, y se volvieron muy consentidos. Fueron nuestros compañeros fieles. Y aunque su presencia trajo alegría, Mitzi siempre ocupó un lugar especial. Su recuerdo no se borró.

Ya en casa, con el cansancio acumulado de varios días de lluvia, comenzó diciembre del 2015. Las mañanas eran frías, cubiertas por una niebla densa que parecía envolverlo todo, incluso mi ánimo. Me despertaba en silencio, llevando a mis hijas a la escuela con esa sensación de vacío que me dejaban las horas por delante. Mi papá y Roberto se iban a trabajar, y yo me quedaba sola en esa casa enorme que, lejos de ser un refugio, se sentía como un eco de todo lo que no quería sentir.

Algunas noches bajaba a Santa Rosa para asistir a reuniones. Salía con más fuerza, con la esperanza renovada, aunque esa lucha interna seguía ahí, esa batalla contra algo que parecía no tener salida. Pero no me rendía.

En la primera semana de diciembre ocurrió algo que marcó un antes y un después. Aquella noche, fui a mi reunión como de costumbre, aunque llegué con una ansiedad insoportable. Sentía esa urgencia de consumir, esa desesperación de adormecerlo todo. Aun así, elegí ir a la junta. Fue la mejor decisión que pude tomar en ese momento.

Durante la reunión, tuve la oportunidad de hablar. Me abrí por completo. Fui brutalmente honesta. Entre lágrimas, grité lo que sentía, que quería drogarme, que estaba harta de luchar, que sabía que no debía hacerlo, pero que me estaba costando demasiado. Terminé agradeciendo por estar en ese lugar y por el apoyo de mis compañeros. Sentía que al menos no estaba sola.

Cuando la reunión terminó, me despedí uno a uno. Justo entonces, se me acercó un chico nuevo. Solo lo había visto esa noche. Me pidió si podía llevarlo a su casa. Yo, con ese espíritu de "buena samaritana", pensé que estaba bien ayudar a un recién llegado. No sabía nada de él, solo que, como yo, buscaba ayuda.

Durante el camino, cruzamos muy pocas palabras. Él había estado ahí, había escuchado mi desahogo completo. Llegamos a una calle donde se encontraban unos apartamentos. Me detuve y le dije:
—Listo, hemos llegado.

Él abrió la puerta, pero no bajó. Se quedó mirándome, y con una sonrisa ladeada, me dijo:
—¿Quieres fumar?

—¿Fumar? —pregunté—. ¿Te refieres a un cigarro?

En ese breve momento, mi mente buscaba una salida. Pensé en decir que tenía que regresar a casa. Pero él respondió, sin rodeos:

—Tengo cristal.

Hubo un silencio. Una pausa larga. Como si el mundo se congelara.

—¿Acabas de salir de la misma reunión que yo? —le reclamé, entre una mezcla de incredulidad y risa amarga—. ¿Escuchaste todo lo que dije? ¡Dije que quería parar!

Él se rió, como si no entendiera el peso de mis palabras. Y yo... yo también solté una carcajada. Breve. Resignada.

—Sí, quiero —le dije.

Él cerró la puerta de mi auto y fue por la droga. En ese instante, mi cuerpo ya anticipaba lo que venía. Sentía la euforia recorrerme. Mis manos temblaban sobre el volante, mis dedos se movían inquietos, esperando. Miraba por los retrovisores, atenta a su regreso. Finalmente, volvió.

Esa noche fue diferente.

Recuerdo la pipa tan brillante, los cristales brillando como copos de nieve. Llevé la boquilla a mis labios como si fuera un beso eterno. Uno de esos besos que no quieres soltar. Él encendió el encendedor, y mientras el humo comenzaba a recorrer mi interior, sentí que me fundía con él. Me envolvía, me cubría. En ese momento, nada importaba. Ni el dolor, ni los errores, ni mis 25 años. Solo existíamos ella y yo, la pipa, el humo, la ilusión del olvido. Era nuestro reencuentro, un amor tóxico que nunca me dejaba del todo.

Después, él también fumó. Pero apenas hablamos. Yo estaba completamente absorbida por ese instante. No podía parar. Era como si estuviéramos frente a una despedida sin palabras. O quizás frente al principio del final.

El tiempo dejó de existir. No había culpa. No había remordimiento. Solo placer inmediato, efímero, denso, brutal.

Esa noche, no sentí vergüenza. Solo humo... adentro de mí y dentro del auto. Un humo espeso que se aferraba al espacio cerrado, como si también él quisiera quedarse. Encendía el motor de vez en cuando, no sé si para desempañar los cristales o simplemente para seguir fingiendo que aún tenía el control.

Él continuaba cargando la pipa con aquellas piedras brillantes que crepitaban al contacto con el fuego. Y yo, desde el asiento del copiloto, dirigía toda la escena como si ese pequeño acto de control me diera una falsa sensación de poder. Seguía fumando. Seguía consumiendo. Ignorándolo a él. Ignorándome a mí.

Fue entonces, al fijar la mirada en el parabrisas, cuando el cielo comenzó a teñirse de un naranja opaco, anunciando el amanecer. El sol emergía lentamente, rasgando la noche.

Y ahí... en ese instante preciso, se terminó la fantasía. El hechizo se rompió.

Mi corazón comenzó a latir con fuerza. Como si el cuerpo supiera que el mundo volvía a girar.

Le extendí la pipa al compañero y, con voz temblorosa, le exigí que se bajara. Estaba furiosa. No con él. Conmigo. — Tengo que irme —dije. Pero lo que en realidad pensaba era, otra vez no llegué a casa.

Mientras arrancaba del estacionamiento, sentí las manos temblarme sobre el volante. Sabía que Roberto estaría furioso. O tal vez asustado. Preocupado. No había llegado a dormir. Otra vez.

Y con el sol iluminando mi rostro desde el retrovisor, sentí el peso de la madrugada sobre los hombros. No era solo el amanecer, era la realidad volviendo, feroz. Mi pecho se cerró. Mi corazón seguía latiendo rápido. Y en ese momento, por primera vez en mucho tiempo, supe que esa madrugada iba a marcarme.

Porque hay noches que no se olvidan. Y despertares que duelen más que cualquier caída.

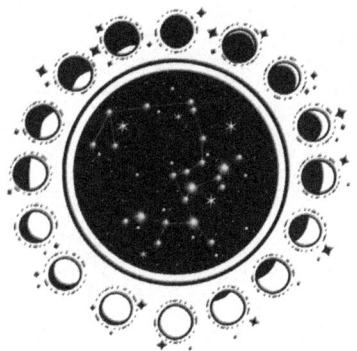

Renacer

La ansiedad me oprimía el pecho, tanto que apenas podía respirar. Sentía las manos temblorosas sobre el volante, los latidos acelerados, la garganta cerrada. No podía seguir manejando así.

Marqué el número de Daniel, un amigo que vivía cerca. Mientras el tono de llamada sonaba una y otra vez, recé en silencio, *por favor, contesta.*

—¿Hola? —respondió, con voz medio dormida.

No esperé a explicarme.

—Tuve una recaída —dije entre sollozos—. No puedo ir a casa. ¿Puedo quedarme contigo?

Hizo una breve pausa, y luego, con voz calmada, respondió:

—Sí. Ven, aquí estoy.

Cuando llegué, me abrió la puerta sin hacer preguntas. No hubo reproches ni sermones. Solo me señaló el cuarto, y yo, sin decir palabra, entré y me dejé caer sobre la cama. Las cobijas estaban frías, impecables, y me envolvieron como si quisieran ofrecerme un refugio momentáneo. Pero el sueño no llegó.

Daba vueltas una y otra vez. La mente no se detenía. Sabía que había vuelto a caer, y esa conciencia dolía más que cualquier resaca. No quería regresar a casa. No podía mirar a Roberto a los ojos. Me sentía avergonzada, derrotada, vacía. Ya no tenía excusas. Todo lo que podía inventar se había agotado. *¿Qué iba a decir ahora?*

El cuarto de Daniel era pequeño, apenas cabía la cama y una mesita de noche con una lámpara. El orden del espacio contrastaba con el caos que sentía por dentro. Me levanté, fui al baño, me miré al espejo, pero no reconocí a la mujer que me devolvía la mirada. Regresé al cuarto, me senté en la cama, y el silencio me pareció insoportable.

El celular empezó a vibrar. Una, dos, diez veces. Llamadas de Roberto, de Yobana, de mi papá. Pero entre más sonaba, menos quería contestar. No quería escuchar sus voces. No quería explicar nada. Solo quería desaparecer.

Me tapé la cara con las manos, hundí la cabeza entre las rodillas y me dejé caer sobre la almohada. El peso de la culpa me aplastaba, y mi mente se convirtió en un campo de batalla, reproches, miedo, vergüenza.

¿Otra vez?

¿Y ahora qué vas a decir?

Las preguntas se repetían una y otra vez, como un eco que no sabía cómo silenciar.

Me levantaba de la cama, me sentaba en la orilla, caminaba de un lado al otro... incluso me metí al clóset, buscando refugio en la oscuridad. Pero nada me sacaba de ese estado.

Pasó el mediodía. La tarde cayó y, con ella, llegó Alfredo. Un amigo que conocí desde los 17 años en las reuniones. Tocó la puerta con fuerza y gritó desde fuera:
—Hija, soy Alfredo. Abre, por favor.

Al escucharlo, salí del clóset con los ojos llenos de lágrimas. Él me miró, me tomó el rostro con las manos y, con una expresión de dolor, me dijo:
—¿Por qué, hija?

Yo solo pude responder, llorando:
—Necesito volver al centro... tal vez esta vez sí lo logre.

Él me miró con ternura, pero también con firmeza:
—No. Tú ya no necesitas eso. Ya has estado tres veces. Tienes que hacerlo por tus hijas. Tú ya conoces el camino. Solo hazlo.

Nos abrazamos. Después se fue, o al menos ya no lo vi más ese día. Pero sus palabras me tocaron profundamente. Ver a mis amigos preocupados por mí, intentando ayudarme sin poder hacer nada más... debió ser devastador para ellos. Y para mí, fue un espejo de la gravedad de mi situación. Lo peor de todo es que ahora todo dependía únicamente de mí.

Volví al clóset, incapaz de dejar de llorar. Me sentía paralizada por la culpa, la vergüenza, el miedo. Y entonces, como si no fuera suficiente, sentí unas enormes ganas de orinar... pero ni siquiera fui capaz de levantarme. Fue entonces que golpearon la puerta con fuerza.

—¿¡Reyna!? —gritaron dos veces.

Era Roberto.

Me encogí aún más en el clóset. Él era, precisamente, la última persona que quería ver. Entró al cuarto, encendió la luz, abrió la puerta corrediza del clóset con fuerza y me encontró. Estaba furioso.

—¿Qué estás pensando? —me gritó—. ¡Las niñas no dejan de preguntar por ti! ¡Nadie sabía dónde estabas! ¡No contestabas el teléfono! ¿Y si te había pasado algo?

Yo no podía decirle nada. Solo lo miraba, rota, sin palabras. Me tomó de la mano con firmeza y dijo:
—Vámonos.

Al ver mi estado, cambió ligeramente el tono. Me soltó la mano y me dijo:
—Voy a la tienda a comprarte algo para
que te cambies. Te espero.

Salió rápido. No tardó en volver. Me levanté. Me ayudó a cambiarme, me tomó del brazo y me sacó del cuarto. Caminaba con la cabeza agachada, mirando únicamente al suelo. Subimos al coche.

Durante el trayecto, el silencio se rompía solo con su enojo.

—¿Hasta cuándo, Reyna? —repetía una y otra vez—. ¿Hasta cuándo vas a seguir así?

Yo, agotada y a punto de estallar, finalmente le respondí, con rabia y dolor:
—¡No lo sé! ¡Ni yo sé! ¡Tú has visto que lo intento, siempre busco ayuda! ¡No es algo que quiera! ¡Tampoco quiero estar así! ¡No te imaginas la tortura mental que esto me hace sentir! Todos dicen "tienes que parar",

¡pero nadie sabe cuánto me esfuerzo! ¡Y lo imposible que es para mí! ¡También estoy cansada de intentarlo!

Y ahí, en ese auto, en medio del enojo, el dolor y la impotencia, entendí que estaba tocando fondo. Pero también supe que, aunque dolía, todavía estaba viva. Y mientras viviera, aún tenía la posibilidad de salir.

—Algo tienes que hacer —me repetía Roberto, mientras continuaba discutiendo. Pero hubo un momento en que dejé de escucharlo.

Todo se volvió silencio. Como si la escena se apagara, solo quedábamos el camino sinuoso de regreso a casa, las curvas entre los pinos verdes, y mi vista fija al frente. De reojo lo observaba mover los labios, gesticular, pero sus palabras ya no llegaban. Era como si me hubiera ensordecido. Y en ese silencio externo, comenzó una de las conversaciones más honestas que he tenido conmigo misma.

—Es cierto —pensé—, llevo años en esto y no he podido parar. ¿Acaso él no me ha visto? ¿Cuántas veces le he pedido que me saque de aquí de verdad?

Sentía rabia. Estaba dolida. Pero algo dentro de mí empezaba a moverse, como una oración sin palabras, como un diálogo con mi poder superior. Me estaba rindiendo, pero no en derrota... sino en entrega. Las preguntas comenzaron a golpearme con fuerza: —¿Hasta cuándo, Reyna? ¿Acaso no estás cansada? Si has hecho tanto... ¿por qué no lo has logrado? Roberto y todos tienen razón. Y si todo depende de ti, ¿por qué no lo haces?

Esas preguntas me dolieron. Me expusieron. Me enfrentaron con mi yo más débil.

Por fuera seguía en silencio, pero por dentro me estaba abriendo completamente. Me conecté con esa fuerza superior que tantas veces me había sostenido y, con el corazón en la mano, le dije:
—Estoy cansada. Si tú no me ayudas, yo sola no puedo. Esta vez, por favor, haz algo conmigo. Te entrego esto. Sin ti no soy nada.

Fue como soltarlo todo. Una rendición que me trajo paz. Me sentí aliviada, como si, solo por haberlo dicho, ya se hubiera encendido una pequeña luz. Sabía que mañana tendría otra oportunidad para intentarlo.

Roberto, al verme tan serena, también se calmó. Llegamos a casa.

Mi papá ya nos esperaba en la entrada. Apenas bajé del coche, comenzó a reprocharme lo mismo que Roberto. Y detrás de él, como testigo silenciosa, estaba mi hija. Me miró y preguntó:
—¿Mami, estás enferma?

La miré con ternura y culpa y solo pude decirle:
—Sí, hija… sí.

Seguí caminando hacia mi cuarto. Mi papá, molesto, venía detrás. Me encerré en el baño, y desde fuera lo escuché decir:

—Si no terminas con esto, voy a pedir la custodia de las niñas.

Esa frase me atravesó como un cuchillo.

No, eso no. Eso no lo podría soportar. Ellas eran mi motor, mi razón de seguir intentando. Quitármelas sería perderlo todo. Sería perderme a mí.

No le respondí, pero por dentro lloraba. Pocas veces había visto a mi papá tan enojado, y ese día, con toda razón, lo estaba. Todos lo estaban. Y yo... también lo estaba conmigo misma.

Al día siguiente apenas logré levantarme. Me recosté en el sofá, envuelta en una manta, mirando la lluvia caer por la ventana. La casa estaba en silencio. Dormía a ratos, me despertaba solo para preparar el desayuno y el almuerzo para mis hijas, y luego volvía a acostarme. Ellas se iban a la escuela, y yo me quedaba sola, sin pensar en nada. Había sobre pensado tanto en los últimos días, que mi mente simplemente se vació. Me encontraba viviendo en un presente absoluto.

Así pasé dos días completos, dejando que la malilla se desvaneciera, apenas comiendo, hablando casi nada. La tensión en la casa era palpable. Los hombres también estaban molestos conmigo. Entonces, recibí una llamada de Yobana. Finalmente la contesté. Me preguntó con preocupación qué había pasado. Le respondí, sin rodeos, que había recaído. Me insistió, desesperada:

—¿Y ahora qué vas a hacer?

—No lo sé —le dije después de un largo suspiro.

—Bueno... espero que estés bien —respondió, y colgamos.

Algo cambió en mí después de esa conversación. Una vez que la malilla física pasó y con ella un poco la tristeza, algo distinto se encendió. No había más excusas. Ni un solo "es que no puedo". Ya no tenía ganas de justificarme. Después de aquella oración tan honesta, sentí un clic espiritual. Estaba cansada de contar mis días limpia, así que decidí no contarlos más. No quería hacerme promesas que no sabía si podría cumplir. Esta vez sería diferente. Solo pensaría en el *hoy*.

Comencé a tomar acción. Me aferré a lo que me habían enseñado, mantenerme sobria una hora, un día a la vez. Y así lo hice. Repetía, *Solo por hoy*, y mañana... mañana ya vería. Empecé a hacerme responsable de mí y de mis acciones. Me di cuenta de que tenía alrededor a personas que me amaban, que creían en mí, aunque yo misma no lo hiciera del todo. Mis hijas, sin saberlo, confiaban en que su mamá regresaría. Y Roberto, en su momento, también me apoyó. Lo mismo mis compañeras del grupo, Lina, José, Rocío y su familia. No estaba sola.

No recuerdo el momento exacto, pero fue el 7 de diciembre de 2015, a mis 25 años y a un mes de cumplir 26, cuando consumí por última vez. En los días siguientes hablé con Roberto y le pedí que nos mudáramos a Santa Rosa. Le expliqué que necesitaba estar cerca de mis reuniones, que mi prioridad ahora era mantenerme ocupada, enfocada, y sobria. Y confió en mí.

Vivía en una casa grande y bonita, pero entendí que no era lo que necesitaba. Necesitaba estructura, rutina y enfoque. Nos mudamos. Seguí asistiendo a mis reuniones a diario, comencé a trabajar, cuidaba de mis hijas, de mi casa, de mis perros... hacía de todo, menos quedarme quieta.

Volví a San José, esta vez de visita, al centro de rehabilitación, para pedir disculpas por haberme ido sin despedirme. Comencé a ser más honesta conmigo misma. Aprendí a identificar mis emociones y reconocer los detonantes que me llevaban a una recaída. Empecé a tomar el control de mi vida. Ya no había culpables. Solo yo. Y eso fue liberador.

Sí, tenía muchos duelos sin resolver, mucho dolor sin nombre. Pero ya no quería anestesiarlo. La droga había dejado de hacer efecto. Y la vida me estaba empujando, poco a poco, a mirar ese dolor y transformarlo. Esa ha sido una de las bendiciones más grandes que me ha regalado la sobriedad.

Este 2025 cumplo 10 años limpia. Una década de crecimiento, de regalos inesperados, de aprendizajes, de evolución espiritual y personal. Y aunque el camino no ha sido fácil, puedo decir que mi sobriedad ha sido el regalo más grande de mi vida. Me permitió descubrir una vida que no conocía, pero que merecía.

Por mi corta edad, quizá no sabía cómo vivir. Tal vez todo esto formaba parte de mi gran aprendizaje. Hubo un tiempo en el que creí que moriría de una sobredosis, que mis hijas me encontrarían sin vida, o que terminaría perdiéndolo todo, sin ellas, al borde de la locura. Sentía que me estaba ahogando, como si hubiera caído al fondo del océano. Pero logré salir. Y regresé no para sobrevivir, sino para vivir plenamente.

Hoy, a 10 años de estar limpia, sin haberlo planeado, decidí escribir mi historia. Me di cuenta de que mi voz merece ser escuchada, de que no quiero callar más. Que no soy la única, que hay muchas más personas, muchas más mujeres como yo, que necesitan saber que no están solas. Este libro es un homenaje a mi viaje, a mi renacer, a mi transformación.

Curiosamente, este proyecto nació no de una recaída, sino de una experiencia profundamente dolorosa vivida en sobriedad. Tenía cinco años limpia cuando ocurrió, y aunque pudo haber sido la excusa perfecta para volver a consumir, no lo fue. Sabía que debía permanecer sobria para atravesar esa prueba de fuego. Esa historia estará en mi segundo libro. Pero fue precisamente ese dolor el que me llevó a escribir…

y me regaló este primer libro, mágico y honesto, escrito con el corazón en la mano.

Gracias por acompañarme en este viaje. Releer mi historia fue como vivirla de nuevo, pero ahora con una conciencia distinta. Esta vez no hubo silencio ni evasión, sino claridad. Sin minimizar la violencia, sin callar el dolor, sin victimizarme. Asumiendo la responsabilidad, aprendiendo a amarme, y reconociendo que ya no vivo en modo supervivencia.

Estoy profundamente orgullosa de mí. Caí, toqué fondo y casi no regreso. Pero regresé. Y no lo hice para conformarme, sino para reconstruirme.

Nadie sale igual después de tocar fondo. Y si tú estás leyendo esto, quiero que sepas que también puedes levantarte. Tu historia no termina en la caída, sino en la decisión de levantarte. No importa qué estés viviendo, no lo minimices. Obsérvalo, abrázalo... y actúa.

Tú también puedes renacer.

Yo lo hice.

.

Adicción y Red de Apoyo

Hablar de adicción no es hablar únicamente de sustancias. Es hablar de heridas. De vacíos, de traumas sin nombre, de emociones no procesadas. La adicción no es el problema en sí, sino una solución desesperada que una persona encuentra —y repite— para aliviar un dolor más profundo que muchas veces ni siquiera puede nombrar.

Una persona adicta no quiere lastimar, pero muchas veces lo hace. No porque no ame, sino porque su conexión con los demás está filtrada por el sufrimiento, la desconexión interna y una necesidad urgente de anestesia emocional. La adicción no es falta de voluntad ni de amor; es una enfermedad compleja que necesita más que fuerza de carácter para salir de ella.

Las recaídas no son retrocesos, son parte del proceso

Es importante entender que la recuperación **no es lineal**. Las recaídas no son fracasos, sino señales de que hay algo que aún necesita atención. Un síntoma más de una herida aún abierta. En lugar de verlas como traición o debilidad, es útil mirarlas como una oportunidad de aprender, ajustar y seguir.

¿Cómo ayudar?

- **Escucha sin juzgar.** Muchas personas en recuperación viven atrapadas en la vergüenza. Acompañar desde la comprensión puede ser un acto profundamente sanador.

- **Establece límites claros.** Amar a alguien no significa permitirlo todo. Poner límites con amor también es una forma de cuidado.

- **Infórmate.** Entender qué es una adicción, cómo opera el cerebro bajo sus efectos y cuáles son las etapas de recuperación ayuda a sostener desde un lugar más realista y empático.

- **No intentes "salvar."** Acompañar no es rescatar. Cada persona necesita hacerse cargo de su proceso. Tu rol no es cargar, sino caminar al lado.

¿Se puede reparar la relación?

Sí, pero lleva tiempo. Y no es automático. Muchas veces quienes han vivido con una persona adicta también han sido heridas. Reparar implica honestidad, responsabilidad emocional, y sobre todo, **acciones sostenidas en el tiempo**. No se trata solo de "pedir perdón", sino de reconstruir la confianza desde el compromiso con el cambio.

¿Y la culpa?

Tanto la persona en recuperación como sus seres queridos suelen cargar con culpas, por no haber visto, por haber permitido, por haber dicho o no dicho algo. Pero la culpa rara vez construye; el **perdón** —incluso el perdón a uno mismo— sí.

Perdonar no significa olvidar lo vivido. Significa liberarse de la carga emocional que impide avanzar. La recuperación de una persona también es una oportunidad para sanar vínculos, reescribir historias, y encontrar un nuevo lenguaje de amor más sano, más consciente, más libre.

Si tú eres parte del círculo cercano de alguien que lucha con una adicción, gracias. Tu presencia puede ser faro en medio del caos. Tu paciencia puede ser refugio. Y tu cuidado —también hacia ti mismo— es parte esencial del proceso.

Porque la sanación no es solo individual. Es también colectiva.

Glosario de Términos Clave

Adicción cruzada / Transferencia de adicción

Proceso por el cual una persona que deja una adicción activa desarrolla otra nueva como forma de reemplazo. Aunque cambie la sustancia o conducta, la raíz emocional no tratada mantiene el ciclo adictivo. Ejemplo típico: dejar una droga y comenzar a depender del tabaco o la comida.

Anulación emocional

Dinámica en la cual los sentimientos, percepciones o necesidades de una persona son negados, minimizados o ridiculizados, muchas veces dentro de relaciones disfuncionales. Puede llevar a la pérdida de autoestima y a la desconexión con las propias emociones.

Codependencia

Patrón relacional donde una persona desarrolla una necesidad excesiva de ayudar, complacer o salvar al otro, incluso a costa de sí misma. En muchas relaciones con personas con adicciones o comportamientos abusivos, la codependencia impide poner límites saludables.

Contacto cero

Estrategia de protección emocional que consiste en cortar completamente la comunicación y el contacto con una persona que ha sido abusiva o tóxica. Implica eliminar canales de comunicación (mensajes, llamadas, redes sociales, etc.) para sanar y recuperar el equilibrio emocional.

Ver: Mateu, B. (2017).

Gaslighting (luz de gas)

Forma de abuso psicológico en la cual el agresor manipula a la víctima para hacerle dudar de su percepción, memoria o cordura. Sutil, progresivo y devastador, este tipo de maltrato distorsiona la realidad del otro hasta que deja de confiar en sí mismo.

Ver: Sweet, P. L. (2019).

Recaída

Retorno al consumo de una sustancia después de un periodo de abstinencia. No se considera un fracaso, sino una parte común del proceso de recuperación. En muchos casos, es una oportunidad para profundizar en las raíces emocionales del consumo.

Ver: Ceberio, M. (2019).

Regulación emocional

Capacidad para reconocer, nombrar, modular y responder de forma adecuada a las propias emociones. Es una habilidad clave en procesos de recuperación y sanación del trauma.

Resiliencia

Habilidad de una persona para adaptarse y recuperarse tras experiencias difíciles, dolorosas o traumáticas. La resiliencia no niega el sufrimiento, pero permite atravesarlo con recursos internos y apoyo externo.

Sobriedad emocional

Más allá de la abstinencia de sustancias, se refiere a un estado de equilibrio emocional que permite gestionar el dolor, la frustración o la ansiedad sin recurrir a patrones destructivos.

Ver: Dayton, T. (2012).

Tocar fondo

Momento crítico en el que una persona, tras una acumulación de consecuencias negativas, reconoce que ya no puede seguir sosteniendo su estilo de vida actual. Aunque es una experiencia dolorosa, también puede ser el punto de partida para el cambio.

Trauma relacional

Herida emocional generada dentro de relaciones significativas (como las de pareja, padres, cuidadores o amigos). Este tipo de trauma puede repetirse en nuevas relaciones si no se sana adecuadamente.

Tipos de Violencia

1. Violencia física

Cualquier acción que cause daño o dolor al cuerpo de una persona. Incluye golpes, empujones, quemaduras, estrangulamientos, bofetadas, uso de armas, entre otros. Es una de las formas más visibles, pero no siempre la más denunciada.

2. Violencia psicológica o emocional

Acciones que buscan intimidar, controlar o dañar la autoestima de una persona. Incluye insultos, humillaciones, manipulación, amenazas, aislamiento, desvalorización o invalidación constante.

3. Violencia verbal

Uso de palabras ofensivas, gritos, burlas, amenazas o expresiones hirientes con el fin de controlar, humillar o herir emocionalmente. Suele estar normalizada en muchas relaciones.

4. Violencia sexual

Cualquier acto de naturaleza sexual que se realiza sin el consentimiento libre e informado de la otra persona. Incluye violación, tocamientos no deseados, coerción sexual, exposición forzada a contenido sexual, entre otros.

5. Violencia económica

Control o limitación del acceso de una persona a sus propios recursos económicos o a los del hogar. También incluye impedir que la persona trabaje, obligarla a entregar su sueldo o negarle el dinero necesario para cubrir sus necesidades.

6. Violencia patrimonial

Destrucción, retención o apropiación de objetos, documentos, bienes o propiedades de una persona. Se manifiesta, por ejemplo, cuando se rompen cosas importantes para la víctima o se retienen sus documentos personales.

7. Violencia simbólica

Imposición de estereotipos, roles de género y normas culturales que refuerzan la desigualdad y justifican otras formas de violencia. Puede estar presente en chistes, publicidad, medios de comunicación o lenguaje cotidiano.

8. Violencia institucional

Ocurre cuando instituciones públicas o privadas no garantizan los derechos de las personas, las revictimizan o les niegan acceso a servicios. Por ejemplo, cuando una víctima no recibe atención adecuada en salud, justicia o educación.

9. Violencia vicaria

Cuando una persona violenta a los hijos o seres queridos de la víctima con el fin de causarle daño emocional o ejercer control. Muy común en contextos de violencia de género y separaciones conflictivas.

10. Violencia social

Forma de violencia estructural que se produce en comunidades o grupos sociales marginados, por falta de acceso a derechos, servicios básicos, educación, salud, empleo, etc.

11. Violencia simbólica

(Reiterada intencionalmente por su relevancia) Es la violencia más invisible: se expresa en normas, discursos, hábitos y creencias que refuerzan la desigualdad, sin necesidad de un acto directo.

12. Violencia digital o cibernética

Uso de tecnologías (redes sociales, mensajes, correos, etc.) para acosar, intimidar, vigilar o difamar a una persona. Incluye el control de redes, publicación de imágenes íntimas sin consentimiento, suplantación de identidad, etc.

13. Violencia espiritual

Imposición de creencias religiosas o uso de la fe para manipular, controlar o culpar a una persona. También puede incluir la prohibición de practicar su espiritualidad o fe libremente.

14. Violencia obstétrica

Violencia ejercida por personal de salud hacia mujeres durante el embarazo, parto o posparto. Se manifiesta en malos tratos, falta de información, procedimientos sin consentimiento, burlas, entre otros.

15. Violencia política o de género en espacios público

Manifestaciones de acoso, desprestigio o exclusión que sufren principalmente las mujeres o personas disidentes al ocupar espacios de poder, liderazgo o participación política.

16. Violencia estructural

Conjunto de condiciones sociales, económicas y políticas que impiden a ciertos grupos el acceso equitativo a recursos, oportunidades o derechos. Suele perpetuarse a través de leyes injustas o sistemas de exclusión.

¿Qué hacer si estás viviendo violencia doméstica?

Si estás atravesando una situación de violencia en tu hogar, no estás sola. Reconocer que estás en peligro es el primer paso para salir de ese entorno y comenzar a sanar. La violencia doméstica no siempre deja marcas visibles: también se manifiesta en el control, el miedo constante, la humillación, las amenazas y el aislamiento.

¿Cómo saber si estás viviendo violencia?

Puedes estar en una relación violenta si:

- Sientes miedo de tu pareja con frecuencia.
- Te controla, te cela o te aísla de tus seres queridos.
- Te insulta, humilla o desvaloriza.
- Te culpa por todo lo que ocurre mal en la relación.
- Te obliga a tener relaciones sexuales o a actuar contra tu voluntad.
- Te amenaza con quitarte a tus hijos o dañar a tu familia.

- Te vigila, revisa tu teléfono, redes o movimientos.

¿Qué puedes hacer?

1. Habla con alguien de confianza. Una amiga, familiar, vecina, terapeuta o consejera. El silencio te aísla, pero hablar puede abrirte caminos.

2. Busca una red de apoyo. No estás obligada a hacerlo todo sola. Existen lugares y personas preparadas para ayudarte.

3. Guarda evidencia. Si puedes, documenta los hechos: fotos, mensajes, grabaciones o testimonios pueden ayudarte si decides denunciar.

4. Prepara un plan de salida. Ten listo un lugar seguro al que puedas ir, copias de documentos importantes, algo de dinero, y los contactos necesarios.

5. Llama a una línea de ayuda. Muchas organizaciones ofrecen apoyo confidencial, emocional y legal.

Recursos en Estados Unidos

National Domestic Violence Hotline:

 1-800-799-7233

 www.thehotline.org

(también hay atención en español)

Recursos en México

- **Línea Nacional contra la Violencia Familiar y Sexual (Línea Mujeres):**

  📞 800 911 25 11

Disponible 24/7 en todo el país. Gratuita y confidencial.

- **Red Nacional de Refugios:**

Proveen protección, atención psicológica, médica y legal.

🌐 www.rednacionalderefugios.org.mx

📞 800 822 44 60

- **Centro de Apoyo a la Mujer (CAM):**

Apoyo jurídico y psicológico a mujeres en situación de violencia.

🌐 camzac.org.mx

Si tú no estás viviendo violencia, pero conoces a alguien que sí:

- Escucha sin juzgar.
- Cree en su historia.
- Ayuda a que reconozca que está en una situación peligrosa.
- No la obligues a tomar decisiones. Solo acompaña, infórmale y sé un puente hacia recursos reales.

Recordatorio importante: Nadie merece vivir con miedo. La violencia nunca es tu culpa. Hay salida. Hay ayuda. Hay vida más allá del abuso.

Aún estás viva. Y eso es más que suficiente para empezar de nuevo.

Agradecimientos

Gracias a mi Poder Superior, a esa energía de amor que ha sostenido cada paso de este camino. Con Él, todo; sin Él, nada. Este libro existe porque su presencia nunca me soltó, porque incluso en mis momentos más oscuros —cuando me sentía perdida y sin rumbo—, Él me sostenía, aunque yo no pudiera verlo.

Gracias a mis padres, a quienes elegí desde antes de llegar a este plano. Su amor, a su manera, fue perfecto, necesario y profundamente transformador. Me dieron lo mejor que pudieron, y eso fue exactamente lo que necesitaba para crecer.

A mi padre, Abel Enríquez, gracias por tu ejemplo de perseverancia, por tu sensibilidad y fortaleza, y por tu amor siempre presente. La palabra "gracias" se queda corta para expresar lo que significas en mi vida.

A mi madre, Sara Santiago, gracias por tu calidez, por tu alegría contagiosa, por tu servicio lleno de amor, y por haber sido el portal de esta experiencia maravillosa que es vivir. Los honro profundamente por todo lo que dieron. Porque en cada paso de mi historia, ustedes han sido mi raíz. Gracias por impulsarme hacia más vida. Los amo infinitamente.

A mis hermanos Guadalupe, Carlos, Nelly, Diego, Leo, Jazmín, Víctor y Ángel, gracias por su amor, su alegría y por haber estado ahí, de una u otra forma, acompañándome en distintos tramos del camino.

Especialmente a Yobana, mi compañera de infancia, mi cómplice, mi hermana del alma. Crecimos de la mano, reímos, lloramos, cruzamos fronteras juntas. Tu presencia siempre ha sido luminosa, tierna y divertida. Te admiro profundamente y creo en ti con todo mi corazón.

A Nancy Rodríguez, quien, sin compartir mi sangre, es mi hermana del alma. Tu acompañamiento ha sido un canal directo del Creador. Tus palabras fueron refugio cuando yo no podía sostenerme. Ojalá el mundo tuviera el privilegio de contar con una Nancy como tú. Este libro nació de una semilla que tú sembraste durante un viaje por carretera. Vislumbraste algo en mí que yo aún no veía... y lo regaste con tu fe, tu escucha y tu amor. Gracias por empujarme con dulzura hacia este gran servicio.

A Lina y José, por sostener a mis hijas cuando yo luchaba por mi sobriedad. Su apoyo fue un abrazo firme que jamás olvidaré.

A Rocío, que ya no está en este plano, pero que fue un conducto esencial en el inicio de mi recuperación. Donde sea que estés, gracias. Quiero que sepas que sí lo logré —al menos hoy— porque esto, como bien sabes, es solo por hoy. Gracias por tu bella amistad.

A los padres de mis hijas, porque sin ustedes ellas no existirían. Y ellas son las almas que transformaron mi vida. Gracias por haber sido parte de este plan divino.

A Cindy, mi editora, gracias por tu conexión, por escucharme más allá de las palabras, y por hacer que este proceso fuera sostenido, liberador y profundamente humano.

A mi grupo de hipnoterapeutas, Claudia, Ana, Verónica, Margarita, Miriam, Rigoberto, Carolina y Sujey. Gracias por sus ánimos, por sus palabras y por acompañarme con tanta generosidad.

A mis compañeros de terapia grupal, gracias por cada experiencia compartida. Cada una me sostuvo, me acompañó y me enseñó que la sobriedad también se construye en comunidad.

A Miguel, gracias por las fotos que acompañan este proyecto y por tu amistad tan sincera.

Y finalmente, a mis hijas Johanny y Ali, mis más grandes maestras. Ustedes han sido mi timón, mi ancla, mi arcoíris y mi sol. Gracias por elegirme como su madre. Por las veces en que su voz me llamó de regreso desde lo más profundo, hacia la vida. Su amor me salvó mil veces, incluso cuando ustedes no lo sabían.

Este libro nació por ustedes. Porque su voz me enseñó que era hora de alzar la mía. No solo por nosotras, ni por nuestro clan, sino por todas las niñas y mujeres que aún no han sido vistas, escuchadas ni abrazadas. Que nuestra voz sea un faro para ellas. Que sepan que no están solas. Que se escuche fuerte y clara, y que las envuelva como un abrazo de esperanza.

Y cierro como empecé:
Gracias, Creador, que hizo posible esta historia.
A Ti va mi gratitud más profunda.

Gracias, gracias, gracias.

Sobre la Autora

Reyna Enríquez es escritora, madre, inmigrante y sobreviviente. Nacida en Veracruz y criada hasta los diez años en Oaxaca, México. Su historia es una travesía marcada por la migración, la violencia, la adicción y la búsqueda constante de sentido. A través de una vida llena de desafíos, Reyna ha logrado transformar su dolor en propósito.

Después de atravesar un largo proceso de sanación —que incluyó la maternidad en la adolescencia, relaciones abusivas, y una lucha profunda contra la adicción— Reyna encontró su camino de regreso a sí misma. Su experiencia la llevó a explorar el poder de la mente y el inconsciente, y hoy se dedica profesionalmente a acompañar a otras personas en sus propios procesos de transformación.

Actualmente vive en el Área de la Bahía de San Francisco, California, donde ejerce como hipnoterapeuta certificada, especializada en trauma, adicciones, ansiedad y crecimiento personal. Su enfoque terapéutico integra herramientas de la hipnosis consciente, la programación, el acompañamiento emocional y la espiritualidad.

A través de su práctica, Reyna ofrece un espacio seguro para sanar heridas profundas, reprogramar creencias limitantes y reconectar con la fuerza interior que todas las personas poseen, aunque a veces lo hayan olvidado.

Resiliencia: Catarsis de una Reyna es su primer libro, una memoria íntima y poderosa que nace del deseo de romper el silencio, nombrar las heridas y dar voz a quienes, como ella, han sobrevivido a lo inimaginable.

Contacto

Correo electrónico:
reynaenriquez.re@gmail.com

WhatsApp:
+1 707-596-1574

Instagram:
@reynaenriquez_hipnoterapeuta

Bibliografía

Ceberio, M. (2019). La recaída no es un fracaso moral. Entrevista en Psicología Integral. Recuperado de https://www.psicologiaintegral.com

Dayton, T. (2012). Emotional sobriety: From relationship trauma to resilience and balance. Deerfield Beach, FL: Health Communications, Inc.

Eisikovits, Z., & Winstok, Z. (2002). Partner violence: A gender perspective. Journal of Interpersonal Violence, 17(3), 243–255. https://doi.org/10.1177/0886260502017003001

Fernández, A. (2020). Adicción cruzada: ¿Dejé una sustancia y ahora abuso de otra? Revista Española de Psicología Clínica y de la Salud, 25(3), 112–118.

Freyd, J. J. (1996). Betrayal trauma: The logic of forgetting childhood abuse. Cambridge, MA: Harvard University Press.

Lamoureux, B. E., Palmieri, P. A., Jackson, A. P., & Hobfoll, S. E. (2012). Child sexual abuse and adulthood interpersonal outcomes: Examining pathways through post-traumatic stress and risky sex. Child Abuse & Neglect, 36(4), 236–245. https://doi.org/10.1016/j.chiabu.2011.09.004

Maté, G. (2018). In the realm of hungry ghosts: Close encounters with addiction. Berkeley, CA: North Atlantic Books.

Mateu, B. (2017). Contacto cero: Cómo superar una ruptura con un/a narcisista. Barcelona: Editorial Cúpula.

National Institute on Drug Abuse (NIDA). (2020). Drugs, brains, and behavior: The science of addiction. U.S. Department of Health and Human Services. Recuperado de https://nida.nih.gov

Pérez D'Gregorio, R. (2010). Obstetric violence: A new legal term introduced in Venezuela. International Journal of Gynecology & Obstetrics, 111(3), 201–202. https://doi.org/10.1016/j.ijgo.2010.09.002

Stern, D. N. (2004). The present moment in psychotherapy and everyday life. New York, NY: Norton & Company.

Sweet, P. L. (2019). The sociology of gaslighting. American Sociological Review, 84(5), 851–875. https://doi.org/10.1177/0003122419874843

Walker, L. E. (1979). The battered woman. New York: Harper & Row.

Made in the USA
Coppell, TX
23 January 2026

69268694R00164